GEORGES MONTORGUEIL

LA PARISIENNE

PEINTE PAR ELLE-MÊME

ILLUSTRATIONS

DE

HENRY SOMM

PARIS
LIBRAIRIE L. CONQUET
5, RUE DROUOT, 5

1897

LA PARISIENNE

PEINTE PAR ELLE-MÊME

EXEMPLAIRE OFFERT

au Dépôt

L. Conquet

Pointes sèches par Wittmann
Texte imprimé par Lamure

La Parisienne

GEORGES MONTORGUEIL

LA PARISIENNE

PEINTE PAR ELLE-MÊME

Vingt et une pointes sèches tirées hors texte

ET QUARANTE ET UNE COMPOSITIONS

PAR HENRY SOMM

PARIS

LIBRAIRIE L. CONQUET

5, RUE DROUOT, 5

1897

Avant-Propos

Paris est pour la femme une ville d'adoption. A ses Parisiennes il donne droit de cité, sans demander la naissance. Il n'exige que l'alerte quant à soi qui s'acquiert par le séjour, l'observation et le contact. La Parisienne est de partout, mais elle ne devient qu'à Paris la Parisienne.

Elle est alors la Parisienne dans toutes les classes et dans toutes les conditions. L'exotisme de l'étrangère aussi bien que la paysannerie de la nourrice se transposent dans cette atmosphère, et témoignent de l'emprise de la radieuse cité sur l'atavisme le plus têtu.

Comme *post-scriptum* aux *Français peints par eux-mêmes* — miroir où nos pères se sont regardés, — vous verrez, sur ces pages, se profiler vingt silhouettes empruntées à l'échiquier social féminin : à la famille et à ses auxiliaires, à l'art et à ses initiées, à la galanterie et à ses prêtresses. Combien peu sont fleurs du sol où elles s'épanouissent? Cependant, vous les chercheriez en vain telles, si elles sont d'ailleurs, au lieu de leur origine : couleurs et parfums, elles ont tout pris de Paris.

L'aveu nous vient de toutes qui se sont ici peintes elles-mêmes — peintes dans l'allure, le geste et le propos; peintes dans le caractère et les goûts; peintes dans leurs vertus. Et peintes aussi dans leurs défauts dont elles ne sont guère confuses, car il en est comme de ces péchés que sainte Thérèse nommait « des péchés splendides » : le jour qu'elles les viendraient à perdre, au charme de Paris quelque chose manquerait.

Mais à les surprendre, finement agressives, l'une l'autre se peignant, on peut croire, en son intégrité, le charme de Paris éternel.

LA FAMILLE

La grande Dame

La Grande Dame

Toute Parisienne au monde n'est pas nécessairement du monde. Être née ne signifie point qu'on soit née. Les élégances ont leur argot et la langue sa préciosité dès qu'il s'agit des castes. Une femme est née qui a de la naissance et n'est du monde que si elle est du grand monde. Telles ellipses déconcertent l'étranger, mais la démocratie même les entend sans scoliastes. Ces nuances qui n'échappent point aux esprits les moins exercés donnent un perpétuel démenti à la nuit du 4 Août. Le peuple distingue et prête aux mots d'espèce générale une vertu dans l'application particulière. Il y a des dames, mais il sait qu'il y a la dame. En cela fidèle à l'étymologie et à la tradition, en dépit des corruptions du langage qui l'ont galvaudé, il salue de son titre la maîtresse de maison et lui en reconnaît l'apanage. Dans le respect de cette expression demeure un peu de notre chevalerie; la féodalité également s'y indique qui avait donné ses rangs à la femme et les lui maintenait en vertu de chartres dont la politique faisait moins la force que la politesse.

« J'ai vu une vieille blanchisseuse qui était dame et plus que dame, dit Michelet, elle aurait figuré sur le trône du monde. » On doit convenir que la société parisienne n'est point sans hospitaliser, sinon quelque blanchisseuse, du moins quelque demoiselle de la roture, fille de M. Poirier. Un gentilhomme passa qui avait belle mine, grand nom et sur son blason peu d'or. La fiancée à propos lui souriait, envieuse d'une couronne qui lui donnait la royauté du monde, et ainsi s'accomplit le miracle de la greffe, sur le tronc roturier entant la vieille branche.

Paul-Louis Courier dit des gentilshommes parvenus : « Ils ne parlent jamais de leur père, mais on leur en parle souvent ». C'est une impertinence qu'on n'a pas avec les femmes. Pourtant, il est des parvenues de la noblesse. L'instinct de comédienne qui est en elles, les adaptant aussitôt au milieu, les façonne à leur rôle.

Mais l'instinct de comédienne n'est pas à l'usage de la grande dame, qui s'en passe, à moins que par manière elle ne vise aux grandes coquettes; en quoi alors elle aspire à descendre. Simple, elle est sans affectation, ne devant paraître ni gênée ni surprise de la place qu'elle occupe dans la société.

Le résultat confirme les préjugés. La grande dame qui n'est point née est rarement grande dame. Sous le blason péniblement conquis l'humble souche se trahit.

Michelet avec son exemple risque de ne rien démontrer. Il n'est point vrai que sa blanchisseuse aurait quitté sa boutique pour entrer sans préparation dans la société. Si subtile que soit la femme à s'adapter à sa nouvelle condition, lui faut-il encore être renseignée : l'intention n'y suffit pas toute. Les belles filles qui ont marché de pair dans la fréquentation des hommes avec les grandes dames n'étaient pas leurs égales dans leur tenue. Le naturel chassé revenait au galop plus souvent qu'elles ne l'auraient souhaité. Les grandes mondaines non plus ne furent pas des grandes dames : comme il leur manquait la clef d'or du titre, elles s'ouvraient la société par effraction et à grand fracas. Il leur fallait obtenir, par l'étude constante d'elles-mêmes, par la mise en scène de leur esprit et de leur beauté, par la grâce tendue d'un constant effort, un rang qui appartient de plein droit à l'unique naissance. Fiction si l'on veut, mais qui a force de loi sociale toujours.

Tant de nuances se fondent mal pour la peinture d'une expression unique de la grande dame en cette fin de siècle. Est-elle pareille à ses aînées? Les élégantes d'autrefois, façonnées de même, se dépensaient-elles en les mêmes occupations superficielles? vivaient-elles pour les mêmes vanités? avaient-elles le même langage? On le demanderait à nos contemporaines qu'elles ouvriraient de grands yeux étonnés, surprises qu'on ait jamais pu employer son temps autrement qu'elles, avoir d'autres goûts, aimer d'autres objets, s'entourer d'un autre luxe. Mais les aînées interviennent qui soupirent grondeuses : « Mes enfants, tout dégénère. »

La grand'mère qui a le mieux parlé des mondaines de son temps et partant qui s'est le mieux peinte en ses paroles, est peut-être cette exquise d'Agoust qui signa Stern, comme la piquante comtesse de Martel, autre peintre d'elle-même, signe Gyp.

A cette époque rien n'était plus exempt de fantaisie, plus régulier que la manière de vivre du faubourg Saint-Germain : quatre mois dans ses terres; huit mois à Paris ; le bal au carnaval ; le sermon en carême ; le mariage après Pâques ; le théâtre fort peu ; les cartes à jouer en tout temps : tel était l'ordre des occupations et des plaisirs. Il n'y avait ni à réfléchir ni à délibérer sur tout cela. « Tout le monde faisait comme tout le monde. »

Mais tout le monde s'accordait dans cette manière simple et noble de cette société ancienne qui se connaissait dès avant le berceau par alliance, par récits de nourrices, par tout un cousinage historique; qui avait reçu aux écoles la même éducation et qui avait le même esprit. On apportait, selon cette grande dame, dans le commerce du monde, une aisance parfaite, une sincérité, une cordialité d'accueil et d'accent qu'elle n'a plus retrouvées ailleurs. Mais a-t-elle bien cherché?

Le succès de la branche cadette divisa la société d'autrefois, la fit boudeuse, et quand les salons se rouvrirent un vent d'égalité avait soufflé qui rendit le contrôle des entrants si peu sévère que l'équivoque ménagea les plus singulières rencontres. Dans un besoin de vivre, on réagit contre le trop comme il faut, et s'indiqua dès lors, sous l'influence du sport, du club, la naissance d'une aristocratie tapageuse qui ne tarderait pas à franchir, par l'audace masculine des femmes, l'énorme distance qui séparait le monde du demi-monde. Le faubourg Saint-Germain eut ses lionnes, vite inféodées à l'empire et à ses fêtes, déesses de la mode, reines du bruit, figurantes inéluctables de l'apothéose qui marquerait l'apogée féerique du règne.

La souveraine impériale dans le passé cherchant un modèle s'était sentie attirée vers l'infortunée Marie-Antoinette. Elle la répétait fidèlement dans la coquetterie de ses goûts, le choix de ses affections, le train de sa vie intime. Elle eût aimé avoir son Trianon, libre et charmant décor où l'opéra-comique le dispute à l'histoire. Au moins autorisa-t-elle un ton léger qui permit à la société quelque fantaisie. On en était là de cette bergerie renouvelée du dernier siècle, quand l'orage éclata, sinistre.

La guerre ne fit point d'émigrés dans le monde qu'elle avait surpris. Elle n'y fit que des héros. Ces femmes frivoles firent de la charpie avec les oripeaux de la fête interrompue et adoptèrent, avec le brassard de Genève, une pièce qui se retrouve encore aujourd'hui dans le blason des dames de France.

Tous les espoirs n'étaient pas au tombeau, et la société, une fois pansées les plaies de la patrie, rêva de voir surgir du milieu des cendres et des ruines la France d'autrefois. L'heure était grave et lamentable, l'horizon voilé de crêpe. Les salons fermés au plaisir, mystérieux dans le demi-jour des rideaux tirés, ne s'ouvraient guère qu'aux conciliabules. La contrainte fut courte, car on avait appétit de prouver qu'on existait encore. On avait gravement médit des fêtes dernières, mais on brûlait de les recommencer. Les lustres donc se rallumèrent et les rampes des théâtres. On eut Lecoq comme on avait eu Offenbach, et l'on s'aperçut avec joie que, dans la débâcle, *la Belle Hélène* n'était pas tout à fait morte. On conspira un peu, on eut perruque blonde et collet noir, et l'on se divertit beaucoup à l'ancienne mode; toute terreur bannie, même la terreur de cette démagogie qui décidément n'avait pas l'échafaud dans ses bagages. On s'est arrangé ainsi chacun chez soi; l'aristocratie avec ses espérances, le régime avec ses succès. On ne se fréquente pas, mais on se salue; un petit salut digne et sec d'un côté, officiel et reconnaissant de l'autre. Le rouge de l'autorité n'a rien enlevé du rouge des talons. On a gardé ses principes, mais réduits à un volume qui n'a rien de très encombrant.

La jeunesse masculine s'épuise dans le néant d'une vie qui donne au sport la totalité de ses vouloirs. Mais chasser et monter sont un insuffisant dérivatif à la vanité des efforts dans ce siècle qui réserve ses faveurs aux seuls coureurs d'aventures, aux pionniers qui foncent sur l'inconnu l'âme hardie et le geste crâne. Les femmes se dépensent mieux, qui deviennent le cerveau et le cœur de la société, le sel de la noblesse. Fines et cultivées, amoureuses des épopées, curieuses des conspirations, acharnées à la réussite des intrigues qu'elles nouent derrière l'éventail ou le paravent, elles sont les zélatrices de combinaisons qui ont certaines manières de complot. Aux premières rumeurs des masses populaires, retrouvant en elles les vertus des Longueville et des Chevreuse, on a vu surgir des amazones blasonnées, intrépides et capables d'une chevauchée, pourvu qu'elles aient au corsage une fleur de ralliement : œillet rouge si décevant, rose de France lente à refleurir.

La politique n'absorbe point — et comme c'est heureux! — toutes les énergies dont nos mondaines demeurent douées. Elles les dépensent en admiration et en affection pour l'art ou pour la charité. Elles ont leurs pauvres ; elles ont leurs poètes. Elles conspirent encore pour donner la royauté, mais aux élus de leur goût. Elles sacrent grand homme, dispensent la réputation et conduisent avec une autorité et un zèle méritoires le préféré à la fortune et aux honneurs. C'est ici que leur activité éclate, féconde. Il n'est école qui ne triomphe par leurs soins, et la plus outrancière ne les épouvante pas pour ce qu'elle donne à qui la prône un cachet de singularité dont le snobisme fait si particulière estime. Passer pour une intellectuelle : l'ambition est légitime. Y parvient-on si l'on n'a sur sa table de nuit, au réveil, le dernier livre d'un psychologue très renseigné ; si M. de La Rochefoucauld ne vous prie au vernissage de la Rose-Croix ; si M. de Montesquiou ne vous dédicace ses *Chauves-Souris* ou si l'on manque de montrer à « l'Œuvre », d'obscurité ibsénienne, l'éclatante neige de ses épaules constellées ? Une piqûre de morphine entre temps dispose le cerveau à s'exalter pour l'étrange.

Il n'est audace en philosophie ou en art qui n'adresse à quelque mondaine la supplication d'un marrainage. Ne serait-ce qu'un genre ? Ne serait-ce point plutôt une curiosité de raffinées qui ont le banal en horreur ? Chic peut-être, mais dilettantisme aussi.

Priée de se prononcer sur ce point, comme la première nommée de nos grandes dames à l'heure présente, Mme la duchesse d'Uzès dit, mélancolique et fière :

« Les salons ne sont pas une tour d'ivoire où l'on

s'enferme dans le respect des traditions et la religion des habitudes. Les portes en sont si mal closes que les secrets les plus intimes y deviennent la monnaie courante des gazettes, lesquelles sont malgré tout un peu de Hollande. On vit dehors et pour le dehors; on ne danse plus sans envoyer au moniteur des élégances la liste de ses invités. La jeune fille n'est pas fiancée que la nouvelle imprimée en court Paris; la corbeille de noces se publie comme les bans. Avec tant de fenêtres ouvertes sur l'opinion publique, comment ne pas avoir l'oreille tendue vers tous les bruits? On écoute plus qu'on ne cause, ce qui est grand'pitié pour l'art charmant de la conversation, et l'on sort plus qu'on ne médite. On va où il sied d'être vue, et même de n'être pas vue; et si l'on y est vue, tant pis. On est fidèle des petits salons, des petites planches, des petits théâtres et des petits cabarets. On se permet des débauches dans des sociétés fort mêlées. On cède à des attirances perverses et l'on s'en console en se disant qu'on ne fait qu'imiter ses illustres aïeules qui allaient aux Porcherons. N'exagérons rien. Sous ce vernis frivole la noblesse des sentiments demeure, intacte. Cette noblesse là, d'aucuns la nomment préjugé. Préjugé si l'on veut : souhaitons que longtemps il nous reste cher. »

Opinion sévère autant qu'indulgente. En un coin retiré du faubourg, altières sous le diadème de leurs cheveux blanchis, de grandes dames, contre les bruits confus de la cité parisienne élèvent de sourdes murailles. Leur oratoire dans leur foyer silencieux est leur séjour de prédilection. Elles se sentent d'un autre temps et comme d'une autre race et d'une race même dont ne sont plus leurs propres enfants, cousins de Bob l'irrespectueux qui dit d'elles : « Grand'mère n'est pas de notre bateau. »

Et grand'mère, mains jointes, le front dans son livre d'heures, songe à ce bateau-là et prie Dieu qu'il ne naufrage point.

La Ménagère

La Ménagère

La ménagère est une maîtresse de maison dont la maison est petite. C'est la grande dame du peuple; oisive, en ce sens que son travail professionnel ne constitue pas le gain de sa journée, elle a les obligations, les soucis et les devoirs de la dame; elle veille au bien-être du foyer, à son charme. Elle ordonne et dispose. De la grande dame, la ménagère ne se distingue que par la modicité de son budget. N'empêche que son gouvernement exigu, parfaitement autonome, possède en raccourci les rouages essentiels des gouvernements les plus vastes et les plus réguliers.

Fille de petites gens qui l'élevèrent avec décence et sévérité, sans dot, elle vécut occupée par l'apprentissage dans l'attente du mari. Suppléante de la mère, initiée de bonne heure à la propreté, instruite des secrets du fourneau, elle ravauda les effets de chacun, construisit ses propres jupes, veilla sur sa lingerie intime, habile à faire durer ce qui s'use et à le rajeunir.

Les seize ans d'une Parisienne sont toujours un peu romanesques, les lectures y contribuent. Elle est jolie et on le lui répète. Sa beauté du diable et ce chic qui n'est qu'à elle lui méritent l'encens d'hommages prématurés. Sa condition se mesure à peine à la médiocrité de ses ajustements qu'une pointe de goût relève. Puis l'amour supprime les hiérarchies. Qui n'est dévot de la grâce d'où qu'elle soit issue? La Parisienne, de mise décente, de bon maintien, aisée en ses gestes, coiffée gentiment et chaussée de même, ne sort point sans une escorte d'adulations. Ce serait pour donner à ses rêves les ailes d'Icare, mais si elle s'égare dans le bleu des chimères, ce n'est point pour longtemps. Un petit roman bourgeois tout naïf rappelle vite la trop glorieuse à la réalité.

Son héros est de son monde. Le hasard présida à l'aventure. Aux noces d'une aînée ou d'une amie — car les noces à Paris sont de grandes marieuses — ce fut le cavalier qui lui offrit son bras ou le garçon d'honneur. Dans la féerie de ce jour solennel il lui apparut très bien avec son drap noir de circonstance, sa chemise repassée à neuf et ses cheveux soumis à la discipline d'une coiffure trop distinguée. Un soupçon d'ivresse et l'exemple de l'amour aboutissant à l'hymen incitèrent le jeune homme à des madrigaux. Il fut empressé, peut-être spirituel, hardi, et dansa bien. Un tel jour serait-il sans lendemain? La tristesse de l'adieu vers l'aube fut une révélation, presque un aveu.

C'est l'ordinaire prologue des mariages parisiens. A moins que l'on ne se soit aimé de s'apercevoir de fenêtre à fenêtre, en ces lentes causeries accoudées dans la fraîcheur des soirs. Au détour de tous les chemins, l'amour qui a ses raisons éternelles dresse ses pièges. Si ce n'est la noce, si ce n'est le voisinage, ce sera les frôlements répétés au même magasin; les rencontres fortuites chez des amis communs; la partie de campagne, l'été en bande, les kermesses sur l'herbe, les chevauchées des sous-bois avec leurs fanfares d'allègres cris et de rires, les sentiers remplis d'ivresse où l'on chemine à petits pas. Et les retours, harassés, par le bateau, gondole populaire de Charenton à Suresnes, qui, tant sont innombrables les amoureux, ne passe pas sous un pont, le dimanche soir, qui ne soit le pont des Soupirs.

Le petit ménage s'est monté — acajou ou palissandre, salle à manger Henri II payée à tempérament. C'est un alvéole de plus dans la grande ruche. La ménagère n'est point de Paris celle qui, d'abord, captive et retient. Elle passe discrète et sans nulle volonté d'être vue, simplement dépensée à sa tâche, qui souligne d'une nuance de gravité l'enjouement de son visage. Sans hâte, mais sans lenteur, soucieuse et se laissant deviner occupée, elle se prodigue en de multiples attentions qui n'ont toutes qu'un même objet : la maison. Dehors, seule, elle n'est jamais en sortie : elle est en course. Elle a sa route tracée, elle va quelque part et pour quelque chose. Cette connaissance du but donne à son allure une expression décidée et assure son pas. Le Don Juan qui s'égare à sa suite n'est point de Paris : elle ne permet pas la méprise. Outre le courroux d'un regard blessé et la riposte cinglante, elle indique dans toute sa personne la droiture de ses voies et la sagesse sans équivoque de ses moyens.

C'est bon aux inoccupées de goûter l'ivresse inquiétante des flirts. Elle hait les complications, et les jeux pervers ne brûlent point son sang. Elle est à son mari tout uniment, et ce lui est assez pour ses rêves assagis de l'encens de son chez soi. « Même sans enfants, monsieur, un ménage, pour le bien tenir, occupe une femme l'entière journée. Il y a toujours à faire. Quand une chose est finie, c'est une autre. Si l'on ne veut pas tout donner à blanchir — ces blanchisseuses brûlent tout avec leur chlore ! — si l'on veut être gentiment attifée à peu de frais, il ne faut pas que bavarder sur le palier ou n'avoir que le nez à la fenêtre. »

On a élu domicile aux Batignolles parce que le quartier est paisible et les loyers abordables. On a trois pièces et une cuisine au cinquième, deux fenêtres donnent sur un balcon. C'est haut, mais clair et aéré. La vue porte loin. Le balcon permet quelques fleurs, quoique ce soit un luxe qui passe.

Un conte picard montre un mari le lendemain de ses noces, au matin, balayant et faisant le reste. La femme s'extasie sur ce modèle des époux. Mais lui, quand il a achevé : « Tu as vu, n'est-ce pas, femme? Eh bien, voilà ce que tu auras à faire tous les jours. » La ménagère s'est levée et mise à la tâche sans cette leçon. Elle a procédé aux vulgarités du ménage, dès l'aube, en un négligé dont le souple dessin à son insu l'avantageait : les cheveux ramassés à la diable, la gorge indépendante, et, de la manche haut troussée, le bras s'échappant, appétissant, libre et nu.

L'intérieur, d'une harmonieuse netteté, accuse la progression lente de l'aisance. Au mobilier du mariage, réuni d'un bloc et sommaire, sont venus s'ajouter ces bibelots qui aiguisent si longtemps l'ambition de la femme et dont le désir la fait si câline à l'époque des anniversaires. Les fêtes et les jours de l'an sont les tapissiers des petits ménages. L'homme y ajoute, s'il est diligent, le travail décoratif des dimanches de pluie, où l'on « boutique » chez soi sur les indications de la bourgeoise qui a répété : « Vois-tu, ce ne sera gentil que lorsque tu auras posé une tringle pour mes rideaux ou placé la glace autrement. » Notre attachement pour les choses est en raison de la peine que leur conquête nous coûte. Qu'il est précieux à l'épouse ce nid dont toutes les brindilles furent le prix d'un effort! Construit avec amour et toujours inachevé, il ne lasse ni sa tendresse ni sa sollicitude. Elle l'entretient, le pare, l'enchante, et, fière, s'y mire dans un orgueil ingénu.

Et elle le défend.

Chez l'oiseau, c'est le rôle du mâle; c'est le rôle de la femelle chez l'homme. Vigilante, elle dénonce les catastrophes et les prévoit. Pour deviner les ennemis, elle a une double vue. L'homme n'a point sa finesse aiguë; la rondeur des camaraderies banales, le liant des faciles rencontres lui fait s'acoquiner à des compagnons suspects. Elle a bientôt fait de déjouer leurs plans, futée gardienne du modeste trésor, flairant le parasite et la proie. Si régulière, elle hait l'irrégularité; sa méthode s'insurge contre le désordre. Fourmi peu prêteuse, elle a le mépris des cigales. Par là, semblerait se déceler en elle une certaine dureté de cœur, si des élans de vraie bonté pour les imméritées misères n'ouvraient — et quelquefois en cachette du mari — les cordons de cette bourse spéciale qu'elle appelle sa « petite bourse », cassette particulière de ses menus plaisirs et de ses charités.

Elle semble aimer l'argent; on dirait qu'elle a des joies d'avare : ce n'est que sa prudence qui calcule le budget des jours de maladie, de chômage et de vieillesse et se réjouit de l'arrondir. Sait-on quelle est la menace de l'avenir? Elle court au-devant, courageuse, avec dans les mains de quoi conjurer l'adversité. Elle a des aphorismes pour toutes ses actions. Sa vie est écrite en locutions proverbiales : « Ayons quelques sous devant nous. L'eau vient toujours à la rivière. » Le bas de laine aboutit à la caisse d'épargne. Un jour, on a réuni le total d'une obligation. On l'achète à lots : « Non, mais vois-tu qu'on gagne cent mille francs! » Et sa superstition vers cette féerie oriente son rêve.

C'est d'autant plus honorable qu'on est arrivé là sans privations. Et c'est un grave problème pourtant qui combine Say à la fois et Vatel, l'économie et les repas! L'art consiste à satisfaire les yeux et le palais du mari exigeant et peu large sans dépasser les limites d'un budget qui n'a pas, comme celui de l'État, la ressource des crédits extraordinaires. C'est par là que la ménagère parisienne est un prodige; elle y a d'autant plus de mérite que son seigneur ne s'en doute pas.

Le marché est l'importante affaire; il nécessite des négociations dignes d'une diplomatie de carrière. Qu'il y faut d'entendement et de ruse! C'est heureusement si bien dans le caractère de la femme qu'elle ne se lasse point de ce débat quotidien qui lui donne, par le marchandage, des satisfactions de victoires remportées. « Sais-tu combien on m'a fait ce poulet-là? Il est petit, mais il est beau,... Devine?... Cinq francs cinquante.

Je l'ai eu pour quatre francs soixante quinze. La marchande m'a dit : « Ma petite dame, c'est bien parce que c'est vous et que vous m'étrennez. » Vingt sous, trois sous, deux sous économisés sont sa gloire. « C'est le premier gagné, mon ami! » Savoir acheter est sa prétention capitale. Elle en prit conscience dans le commerce dolosif des fournisseurs. Elle a déjoué leurs ruses, et ce n'est pas à elle qu'on vendra le dessous du panier. Elle est à l'œil chez le boucher qui glisse des os et adultère le poids. Elle vous l'a remis à la raison avec un très sec : « Si vous êtes si voleur que ça je ne reviens plus ».

Ces incidents du marché, ces projets culinaires, ces opinions sur les petits pois qu'on pourra aborder s'il pleut, sur les fraises qu'il n'y a déjà plus, sur les œufs qui diminuent, sur la salade qui augmente, sont le prologue du déjeuner. Tête-à-tête modeste et charmant autour d'une table blanche et nette, sans apparat, qui ne voit qu'une chère commune, mais où il fait si bon vivre, cœur à cœur dans la chaleur confiante des candides abandons. Les heureux — ceux qu'on dénomme les heureux — connaissent-ils ce bonheur naïf, si complet qu'il est sans ambition? Tout désir orgueilleux et vain meurt dans cette atmosphère de félicité, dans cette joie sans inquiétude, dans cette paix et ce calme.

C'est à travers la prairie le sillage doucement jaseur du ruisselet. Il n'a point d'histoire sur la carte du monde, à peine a-t-il un nom. Oublié du vent, il n'a de rides que par l'oiseau qui vient y boire en y trempant son aile. Et pourtant son miroir limité, dans son cours uni. autant que le vaste océan tumultueux, reflète l'azur immense des cieux profonds.

C'est l'un des enchantements de Paris, dont ne médisent que ceux qui le connaissent mal, que ces oasis de paisible bonheur où l'honnête amour procure à deux êtres une douce société de vie. Elle est faite de services mutuels, de serments loyaux, de paroles que le mensonge n'alourdit point, de regards où la trahison ne tend jamais ses voiles louches.

Ce sont ces couples qui s'en vont par la campagne toute parée de soleil les dimanches d'été, qui dînent sous la treille, servis après dix ans de ménage comme des amoureux de la veille, tant, économes de leur bonheur, ils en ont encore l'image dans les yeux. La femme a arboré une toilette prélevée sur la plus-value d'un budget dont l'équilibre est un miracle. Et c'est quelque aubaine inattendue qui fait le principal du festin qu'on se paie.

Quelque jour, dans le petit ménage, on s'apercevra qu'on ne sait quoi est changé. Ce sera le même entrain, la même tendresse, la même activité, mais l'homme sera plus grave et la femme un soupçon plus réfléchie. On les surprendra, lui à refaire les additions du budget. elle à passer l'inventaire de sa lingerie. Elle abandonnera le chiffonnage des étoffes de laine pour des tissus blancs et légers. Elle sera plus prudente en ses ébats et lui meilleur comptable de ses fatigues. Ils auront, à la croisée ouverte et les yeux aux étoiles, des conversations attendries. Plus large sera l'horizon de leurs rêves et plus vaste le champ de leurs espoirs. Leurs baisers seront plus appuyés et moins fous. Ils se sentiront plus près encore, rapprochés par celui qu'annonceront douloureux et gonflés les seins de l'épouse, — demain la mère.

La Jeune-fille à marier

La jeune fille à marier

On dit : *la jeune fille à marier* ; il y a donc des jeunes filles qui ne sont pas à marier? Il y a donc des vierges ou des demi-vierges — toute pensée de sacrifice à Dieu écartée et de renoncement au monde — qui, de propos délibéré, n'aspirent point à l'état de femme? Elles grandiraient en beauté et en science de la vie, elles perdraient l'innocence et ne se borneraient plus à défendre, au baiser seulement, leurs oreilles (sous le prétexte que c'est par là que les enfants se font), et elles ne rêveraient point la robe liliale des justes hymens? Si laide et si ironiquement conçue qu'elle soit, y a-t-il fille atteignant sa quinzième année qui, le songe orienté vers son petit cousin, son professeur de piano, son valseur du dernier bal, le frère de sa plus tendre amie, ne se sente disposée à l'amoureux holocauste? La jeune fille à marier, n'est-ce pas tout simplement la jeune fille...?

Elle croît en vue de cette fin, et l'égoïsme des parents le lui voudrait-il céler qu'elle l'apprendrait des chuchoteurs Avrils et des languissants Août, et de quelque autre diable aussi la poussant, lequel dialogue avec une éloquence qui donne de l'esprit aux plus nigaudes. Dès que le corsage s'enfle de primeurs printanières et qu'il devient inconvenant que la jupe reste courte, le mari s'annonce probable et l'on surprend la famille à faire en grand mystère des additions. Un bruit d'écus remués accompagne l'éveil des projets caressants de la fiancée éventuelle, et, pour soutenir l'éclat de ses beaux yeux, les beaux yeux de la cassette paternelle brillent à leur tour. On ne sait que trop que les futurs en font grande estime, à tel degré que sans l'éclat de ces yeux-là les autres seraient quelquefois d'un inefficace pouvoir.

Vertu, alliance, supériorité pâlissent devant le terrible « sans dot ». L'âpreté de la vie dicte à la prudence de l'homme son choix. Sans doute le romanesque supprime les basses matérialités et jette les êtres qui s'aiment dans le bleu idéal où il ne leur est besoin que de s'aimer. Mais, dans l'exacte réalité, la vie n'est pas une féerie, et devant, très vite, les chimères s'évanouissent.

La jeune fille à marier s'en plaint. L'une d'elles, dans la lettre suivante qui a été rendue publique, s'est peinte, et d'un trait si juste, si sûr, qu'il est de toute nécessité d'en reproduire le texte sans y changer rien : c'est la jeune fille à marier peinte par elle-même. Elle dit :

« Il y a une question en ce moment qui commence à intéresser le public et qui en vaut la peine : il s'agit des jeunes filles, — non pas celles qui veulent l'égalité absolue avec les hommes, leurs droits civils, etc. — non, il s'agit tout simplement des jeunes filles qui veulent un mari et des enfants.

« J'appartiens à une famille bourgeoise qui m'a fait donner une brillante éducation, mais qui ne pourra pas être aussi généreuse sous le rapport de la dot. Un peu maigre, la dot. Mes études terminées à dix-huit ans par l'obtention du brevet supérieur, comme je suis jolie, — dit-on, — bonne musicienne, parlant l'anglais, sachant coudre, cuisiner, m'occuper du ménage, etc., bref, la perfection de la demoiselle à marier (nous sommes beaucoup comme ça) ! mes parents m'ont menée dans le monde, ne doutant pas un instant que j'y trouverais immédiatement le mari demandé. J'y ai eu le plus grand succès, j'ai dansé des nuits entières avec de petits jeunes gens de seize à vingt-deux ans qui m'ont trouvée ravissante, mais je n'ai jamais rencontré

les vrais épouseurs, ceux de trente à trente-cinq ans; où sont-ils? On n'a pu ou voulu me le dire! Bref, me voilà arrivée presque à mes vingt ans, je n'ai aucune envie de continuer à m'exhiber pour la joie des adolescents, j'ai assez dansé, on m'a vue, je n'ai pas de mari, je n'en trouverai pas tant que je n'aurai pas arrondi ma dot. Que faire à cet effet?

« La voilà la grande question!

« Entrer au Conservatoire, au théâtre, je n'ai aucune disposition, je ne suis pas coquette, je suis née bourgeoise, bourgeoise je veux être et resterai!

« J'ai pensé à faire ma médecine, car j'ai beaucoup de goût pour cette profession : deux ans de préparation pour mes bachots, six à huit à la Faculté, et après, vers la trentaine, aucune certitude de réussir, à cause du mauvais vouloir des hommes à laisser aux femmes l'accès des professions qu'ils se croient réservées.

« L'éducation, parlons-en : plus de professeurs que d'élèves, carrière archi-débordée et impraticable maintenant!

« Le commerce, mal vu pour une jeune fille de bonne famille.

« Quoi, alors? que faire? Continuer à étudier mon piano quatre heures par jour et à faire des thèmes d'anglais? Si je dois ne jamais me marier ou peut-être espérer être appelée à l'honneur de

soigner les rhumatismes d'un vieux célibataire repentant quand je serai moi-même dans la catégorie respectable des vieilles demoiselles, qu'entreprendre d'ici là? Voilà ce que je voudrais savoir; j'ai besoin de conseils, non seulement pour moi, mais pour les cinquante à quatre-vingts jeunes filles de mon cercle, de mes amies, qui se trouvent dans la même situation. »

L'inconnue qui sollicitait cet avis existait. C'était une personne fort bien élevée, jolie, instruite, née dans une bourgeoisie plus près de l'aristocratie que de la fortune, apparentée à un membre de l'Institut. Comme toutes les jeunes filles, elle avait été conduite au bal, elle y avait valsé dans des bras indifférents et, sans dot, revenue lasse de cette épuisante et superflue chasse au mari, elle demandait, à qui voudrait répondre, comment peut devenir loyalement épouse et mère une jeune fille sans fortune élevée comme elle le fut.

Le moraliste qui entendit ces doléances, ce fut le confesseur laïque de ce siècle, Alexandre Dumas; ce fut le directeur de conscience des grandes pécheresses. Cette plainte le courrouça. Il fronça le sourcil et lança la foudre sur cette révoltée du purgatoire conjugal que l'insipidité de l'attente et la perspective de l'échec exaspéraient. Sans ménagement, violent dans l'idée et dans l'expression, il fustigea la brebis qui ne s'en tenait pas à doucement bêler. Plus tard, il rencontrera son collègue de l'Institut, le parent de cette inconnue, qui lui reprochera la cruauté de sa riposte; il ne croira pas devoir l'atténuer, il se bornera à dire : « J'ai répondu non à *une* jeune fille, mais à *la* jeune fille moderne qui peut poser de tels pourquoi.... »

Quelle mercuriale! L'héroïne en demeura abasourdie, puis se reprenant, confuse de l'outrage, elle pleura. Elle pleura, lisant et relisant la feuille publique qui la souffletait dans sa chair, dans sa pudeur et dans sa vertu. De ce débat philosophique entre une jeune fille inconnue et un écrivain célèbre, le drame intime resta ignoré. On ne soupçonna point la peine d'une pauvre enfant que la franchise et la netteté de ses questions avaient livrée au terrible physiologiste, en ses vieux jours resté moins indulgent à la fleur d'oranger qu'au camélia.

« Cette jeune fille, répondait-il, ne m'intéresse point. Elle est injuste en reprochant à ses parents de ne lui avoir pas donné une dot aussi belle que l'éducation qu'elle a reçue. Pour s'étonner de n'être pas mariée à vingt ans, elle est donc bien pressée? Elle a beaucoup dansé et sué dans les bras des jeunes gens où sa mère l'a jetée plus ou moins décolletée pour qu'elle trouve un mari, et elle s'étonne qu'aucun de ces messieurs, initiés à ses formes et à son arome, n'ait encore demandé sa main. C'est naïf pour une personne qui a son brevet supérieur. Les jeunes gens charmants qui valsent bien, qui vont, entre deux contredanses, chercher une glace à leurs danseuses et qui s'extasient sur leurs toilettes, demandent aux jeunes filles qui veulent continuer à en avoir d'apporter dans le ménage de quoi les payer. Quant à ceux qui travaillent et qui se sont fixé un but dans la vie, ce n'est pas au cotillon qu'ils viennent demander leur compagne.

« La vérité, mademoiselle, poursuit-il cinglant, est que vous et nombre d'autres jeunes filles de votre milieu vous avez été élevées dans des idées qui ne sont plus de mise. « Je ne peux donner que très peu de chose « à ma fille, mais elle est jolie, elle est instruite, elle est « honnête. C'est le diable, si avec tout cela on ne trouve « pas un mari. » Eh bien, tout cela ne suffit pas pour trouver un mari. On aura beau vous exhiber dans les salons, vous promener dans les stations balnéaires, vous exposer à Chicago, ce sera partout le même refrain : Où est la dot? Pourquoi les hommes ne vous demanderaient-ils pas une dot, puisque vous leur demandez une fortune? »

Pour tout dire, la question encore que bien franche était mal posée. « Je ne suis pas riche, je suis instruite, je suis jolie, j'ai vingt ans, je ne veux être ni actrice, ni médecin, ni professeur, ni commerçant, et je voudrais néanmoins un mari! » Pas un élan de cœur! pas une concession à l'idéal, nulle aspiration d'amour, ni de maternité; rien que la recherche d'une situation.

Le conseil était malaisé à donner sans aigreur. Le poète eût dit : aimer est quelque chose et le reste n'est rien. Le moraliste riposta : Au marché des jeunes filles vous n'êtes pas une affaire très engageante pour le spéculateur, et je vous conseille d'abaisser vos prétentions ou d'augmenter vos avantages.

Les jeunes filles à marier suivirent cette polémique, qui dura longtemps. Les correspondances de cette époque entre petites amies seraient précieuses à lire. Nous en pourrions inventer. Nous nous le sommes défendu au bénéfice d'une documentation authentique. Mais une jeune fille à marier devait prendre point par point la défense de l'inconnue qui, d'aventure, avait pour intime compagne la romancière populaire Maldague. Celle-ci se ressouvint de son sexe et de sa condition pour rompre une lance en faveur de ses sœurs humiliées par le moraliste.

Le choix d'une carrière avant le mariage est extrêmement hasardeux, et, sans carrière et sans dot, si peu qu'on soit exigeante, on risque, comme disent les bonnes gens, de rester pour la façon de sa mère. Cependant le monde est ainsi fait qu'au demeurant nulle ne passe fleur sans faire honnêtement soupirer. C'est une loi contre laquelle les combinaisons égoïstes ne prévalent point. Fût-on l'acariâtre Xantippe, on court chance d'épouser... et Socrate encore! Il n'est laideur, tare ni pauvreté qui soient un obstacle absolu au placement de son être. L'amour a tout prévu, et s'il est des célibataires, c'est de leur propre goût.

L'autre jeune fille, qui a nom de lettrée, le dit expressément au moraliste : « En fin de compte vous ne voyez pour la petite bourgeoise à petit budget que deux solutions : le travail qui mène à la gloire, la prostitution qui fait descendre à la rue. La première est malheureusement à la portée de très peu ; la seconde manque de morale pour un moraliste. Pourquoi, monsieur, ne lui avez-vous pas dit, à cette jeune fille qui n'a pas vingt ans, dont les illusions tombent, ce que je lui dis, moi : Il viendra celui qui, charmé par vos qualités plus que par votre beauté, vous aimera pour vous, vous prendra pour vous, quelque fortune que vous lui apportiez, et que vous aimerez pour lui. »

On se marie peut-être encore pour l'amour de l'amour et sans songer à la reprise possible que le divorce ménage. Ceux-là ne savent pas tout et n'ont vu que les femmes superficielles, qui supposent que l'on se marie pour avoir un gros budget de dépenses privées, ou pour simplement tout un jour promener une robe blanche qu'on fripera la nuit même, — celle-ci riche, dans le sleeping-cart, roulant vers l'Italie, celle-là pauvre, dans le logement meublé à crédit.

On voit dans les rues de petits diables qui, moyennant un décime, répondent à des questions biscornues. Que ne peut-on par eux demander aux jeunes filles :

Pourquoi vous êtes-vous mariées? Et attendre une réponse sincère. Elles diraient :

— Pour quitter ma famille.

— Pour être dame à mon tour.

— Pour être riche.

— Pour savoir ce que je voulais apprendre.

Et nous les soupçonnons aussi moins rares qu'on ne le prétend les bonnes et tendres épouses qui répondraient, délicieusement rougissantes :

— Pour être heureuse, et parce que je l'aimais.

La Dévote

La Dévote

La foi luit pour tous. La grande dame, riche de tant d'autres privilèges, avec les plus humbles de ses sœurs partage celui-ci. Mais jusqu'en l'égalitaire asile, il reste assez des préjugés de la naissance, de la fortune et du nom pour qu'elle s'y persuade jouir de la considération qui se doit attacher à son rang. Par d'imperceptibles fissures les vanités mondaines sont entrées là d'où l'on tâche à les bannir. Et plus d'une de ces pénitentes d'illustre famille, si l'on descendait au fond de sa pensée, y trahirait l'orgueil de se croire plus près de l'oreille divine, pour ce qu'entre gens de qualité on se doit des égards et que le ciel, attentif aux préséances, donne le pas à l'oraison d'une noble dévote sur la prière d'un mendiant. Le poète soupçonnait ce travers qui annonçait, aux riches trop glorieux le mendiant puissant au ciel.

La frivolité même ayant son prie-Dieu, et non toujours à la moins enviable place de la sainte nef, la question devient inutilement impertinente de ce boulevardier qui demandait : « La dévote est-ce encore une Parisienne? » Celui-ci eût trouvé à qui parler si Marcel Prévost eût été là. Le romancier lui eût désigné l'une de ses plus élégantes héroïnes agenouillée dans l'ombre mystique et jusqu'aux larmes tout abîmée en Dieu. Comment ne pas croire sa détresse sincère : elle pleure la trahison de son amant. Parisienne, elle l'est pourtant, de sa cheville menue si bien chaussée à l'aigrette provocante de son chapeau. Rien qui ne soit en elle la perfection d'une grâce attirante, en dépit du deuil de son cœur : la démarche, le geste, les traits et cet on ne sait quoi qui fait la dévote parisienne et qui n'est pas un article d'exportation.

La toilette chez l'élégante est un miroir, et la sienne est assortie à sa douleur profonde et cependant passagère : un soupçon de tristesse obtenue de l'industrie d'une couturière experte se lit discrètement dans l'ensemble mélancolique des nuances et des plis. On la presserait de tout dire, qu'on connaîtrait qu'elle songea à tout et que ses dessous mêmes, aujourd'hui plus simples et plus blancs, traduisent le trouble qui la jeta, secouée de sanglots, au pied du Christ miséricordieux. Maupassant avait ainsi surpris une douleur féminine dans le demi-jour des chapelles et touché de cette détresse s'était écrié : « Si l'on fermait les églises, où donc iraient pleurer les femmes? » Cette idée qu'une dévote n'est plus une Parisienne! Comme si la religion était refusée à qui pratique, et si toute femme vraiment pieuse n'était que la grande dame intransigeante du faubourg Saint-Germain ou la vieille fille enclose d'alpaga noir encombrant de sa piété obtuse le chemin des autels, ainsi que le loqueteux classique les degrés du porche.

Marie-Magdeleine n'a pas renié l'amour du divin maître. Pécheresse impénitente dont le grand chic extérieur s'associe volontiers à la foi exaltée et manifeste, elle est toujours l'assidue des offices, fervente et troublée. Elle y est exacte à ses devoirs selon les règles d'une dévotion aisée. Chez le chimiste en renom qui la blondit elle achète encore les parfums qu'elle répandra en s'agenouillant aux pieds du Sauveur. Un prêtre reprochait à l'une de ces faibles et somptueuses créatures d'apporter à l'église l'encens profane de son boudoir : « Je tiens, lui répondit-elle, de ma sœur Madeleine dont les aromates oignirent les pieds divins, que l'odeur en est agréable au doux Maître. »

Le quartier Saint-Sulpice qui a le monopole de cette iconographie orthodoxe dont la société de Saint-Jean peine à redresser l'idolâtrie sans art, tient aussi plus qu'aucun autre quartier la pratiquante exclusive, devinée à première vue, qui figure aux places sacrifiées dans la pompe de l'Église en dehors des offices, peuplant la solitude d'agenouillements perpétuels, coutumière des messes matinales, fidèle des chapelles où l'adoration est restreinte, auditoire des sermons sans éclat, habituelle des confessionnaux autour desquels ses péchés cultivent l'inutile repentir. Domestiques honoraires, concierges en retraite, gardes-malades par occasion, vivant de peu et pour soi, sans enfants ni famille, tout à Dieu dans la crainte du diable, elles achèvent de consumer dans la pratique superstitieuse d'une religion, dont la sublimité leur échappe, la flamme avare d'une vie stérile. Excédé par leurs exigences opiniâtres, leurs vues courtes, et les maigres profits de leurs assiduités, le clergé supporte sans estime ces parasites du tabernacle.

Mais la dévotion n'engendre point que ces béguines, qui ont pu donner le change à des esprits superficiels et faire douter qu'une dévote d'aspect était une Parisienne. Il est d'autres dévotes que leur extérieur n'affiche point, mais leur âme, et qui sont femmes à telles enseignes que la rigueur du prêtre en gronde.

Il n'est pas toutefois que des grondeurs. Deux théories se partagent le gouvernail spirituel de la chrétienté. Les plus grands conquérants du monde religieux, les Jésuites, restés fidèles aux pratiques que le sévère

Pascal dénonçait, croient à la tactique victorieuse des concessions mondaines. Ils font grand cas du simulacre et n'en demandent pas plus d'abord aux consciences chancelantes. Ils comptent avec la faiblesse humaine; ils ont le pardon large, et au repentir n'imposent point la durée. Que chaque chute leur ramène la pécheresse, l'important c'est qu'elle n'oublie point de revenir. Elle a par eux sa porte de sortie ouverte sur un monde meilleur qu'elle n'a que peu hâte de connaître, pour ce qu'elle trouve assez de volupté en celui-ci. Cette pécheresse puise dans sa faiblesse originelle l'excuse de ses erreurs : l'austère chrétienne n'est point sans prendre quelquefois sa part des reproches qui s'adressent à la parvenue de la piété.

Un prêtre qui exerça trente ans son ministère et dans la solitude ensuite se recueillit, entretint avec une dévote mondaine un commerce épistolaire qui n'était pas une confession et dont il n'avait pas à garder le secret. Il nous l'a livré. Il s'appelait l'abbé Bautain. Il se dépensait en esprit avec les grandes dames et les dames de charité. Il analysait les cœurs d'un œil impitoyable et débarrassait de son pieux vernis le faux semblant. « Vous aussi, disait-il, à la chrétienne de nos jours, vous nettoyez avec soin les dehors du vase et vous laissez au dedans ce qui le souille. Vous êtes plus dévote que pieuse, c'est-à-dire que vous êtes plus exacte à remplir les observations de la religion que désireuse de conformer votre vie à ce qu'elle enseigne et de soumettre votre volonté à l'inspiration de la charité. » Il condamne l'idolâtrie dans l'adoration.

Un directeur de conscience faisait remarquer finement à sa catéchumène qu'au retour de la messe elle n'était pas meilleure, mais capricieuse encore et irritable. En sorte que son mari, ses enfants, ses gens, avaient le droit de se dire que la grande dévotion ne profitait pas beaucoup plus que la petite et que pour un si minime profit la pauvre dame se donnait beaucoup d'embarras.

Son juge ecclésiastique l'observait le dimanche à la grand'messe et s'en montrait chagrin. Désireuse de paraître, elle se souciait plus de sa toilette que de l'office; ses regards, qui oubliaient l'autel, se promenaient avec complaisance sur l'assemblée.

« Que d'incidents où la piété n'a rien à voir, dont la mondanité fait tous les frais! De quel air elle cherche sa place distinguée! que de chaises remuées en passant! que de saluts à droite, à gauche, aux nobles habitués! et non pas seulement des salutations, mais des bonjours, des politesses faites ou rendues, des conversations même avec les rumeurs obligatoires comme dans le salon où l'on se trouvera le soir pour achever l'entretien commencé le matin à l'église! » Le sermon est-il littéraire. Dévote qui l'écoute? non point : dilettante. Elle en rejette l'esprit qui vivifie pour en estimer la lettre. Elle apporte au prône les mêmes préoccupations qu'à l'Académie. Le prédicateur sincère convient que les hautes vérités éternelles passent au-dessus de ces têtes féminines que courbe l'éloquence sacrée. Elles entendent l'enseignement, mais ne s'en pénètrent point. Leur imagination s'en tient à la candeur d'une théologie d'Épinal, tout en images naïves. Une dévote campagnarde s'est peinte dans ce mot : « Je ne sais pas ce qu'a dit M. le curé aujourd'hui, mais mon Dieu qu'il a donc bien prêché ! »

En bonnes œuvres la dévote parisienne se dépense et par là pense avoir quelque mérite. Elle s'y montre ingénieuse, active et délicate. Elle organise des ventes de charité, préside des patronages. Elle est la zélatrice de multiples entreprises dont Monseigneur lui dit grand bien. Sont-ce point les échelons qui mènent au salut éternel ? Jusqu'en ces manifestations le sévère censeur la soupçonne. Elle n'est si assidue à ses œuvres que par besoin de mouvement et d'agitation : elle fuit l'ennui qui est chez elle. Elle fait le bien pour en être louée, et si les éloges faiblissent, sa charité tiédit. Dans sa modestie affectée l'orgueil brille. On l'accuse de donner aux quêtes pour qu'on donne à sa quête. Alors, saisie d'un grand zèle, elle entreprendra des visites, rançonnant sans pitié ses amis et ses proches. Et le prêtre de lui dire : « Est-ce bien l'amour des pauvres qui vous presse ? N'est-ce point le désir d'éclipser les autres quêteuses non seulement de votre zèle, mais de votre crédit? La bourse qui s'emplit d'argent se gonfle aussi de vanité, et quand vous versez avec triomphe ce qu'elle contient, vous avez, madame, votre récompense. »

Le terrible homme! Quel laïque oserait dépouiller aussi cruellement la dévote mondaine de son auréole de piété? Il va si loin, ce juge inexorable, qu'on hésite à le suivre dans les replis de ces âmes qu'on supposait plus pures. Quel soupçon lui vient! Il a lu derrière l'habile mensonge la vérité et tout net déclare à la dévote que son œuvre est frappée de déchéance et ne portera point de célestes fruits. Elle n'est si assidue qu'où elle rencontre l'idole de chair criminellement aimée. Las, Seigneur Dieu de miséricorde! il ne manquait plus à la piété élégante, sous la plume de l'abbé Bautain, que le reproche du flirt!

N'est-il pas de dévotes qui échappent à si cuisantes censures? Il en est de parfaites. Ce ne sont point toujours celles — le clergé aime à le redire — qui visitent le plus la Sainte Table et qu'on voit les plus assidues aux prônes. Mères admirables, épouses exactes, elles donnent dans la pratique de chaque jour l'exemple de toutes les actives vertus. Leur vie est un cantique de beauté. En leurs actes essentiels, religieuses du devoir, elles élèvent leur âme vers un idéal supérieur. Leur piété n'a pas l'éclat qui s'affiche criard et d'autant plus douteux ; c'est la douce et constante lumière d'une conscience qui brûle d'un feu pur et régulier

Terne et grise est la rosace des vitraux aperçue du parvis. Pénétrez dans l'ombre du saint lieu : la rosace éteinte et morne alors flamboie, triomphale. Ainsi l'âme de cette femme. Qui se fierait aux apparences la méconnaîtrait. Du dehors, elle est sans éclat, mais pour qui franchit sa farouche enveloppe de silence et de mystère, elle apparaît, telle la rosace des vieilles cathédrales, soudain resplendissante des feux suaves de la foi et de la vertu.

Nuls mots expressifs chez elle, nuls traits qui s'enchâssent en anecdotes parisiennes : une unité large et simple. Ame heureuse. elle n'a point d'histoire. Si elle se peint elle-même. c'est à son insu, dans l'œuvre de chaque jour, circonspecte et pieuse, pieuse de la piété vraie.

Mais le vulgaire s'en tient au type vulgaire, à la dédévote d'extérieur, qui se détache nettement sur le fond des foules. Tout entière soumise à sa piété, recluse volontaire, morte au monde et ramenant à l'exercice de sa dévotion tous les actes de sa vie monotone, n'est-il point pour celle-là une sorte d'habit? Ne se reconnaît-elle point dans l'effacement entêté de ses apprêts, dans sa féminité comme cloîtrée, dans un ajustement quasi monacal et des gestes de miniatures de missel, essentiels, hiératiques? Ne passe-t-elle point, vieille d'âge et d'apparence, courbée, le front bas, sans curiosité des choses et des êtres, n'osant que des regards furtifs et qu'on devine si perdus pour la vie terrestre qu'on cherche, battant sa jupe de coupe abbatiale, le lourd chapelet au crucifix de cuivre?

LES AUXILIAIRES

La Nourrice

La Nourrice

La civilisation feint d'avoir aboli l'esclavage, mais la famille a ses auxiliaires, le luxe a ses serviteurs, et tout un peuple, sous la loi de l'inégalité des conditions, accepte le joug et porte la livrée. Nulle charte toutefois n'impose à ces affranchis leur servitude. Elle est volontaire; ils la subissent moins du fait de leurs besoins, que par estime d'un état au gain précis et qui supprime les responsabilités. Il comporterait en principe l'obéissance, l'abnégation et la fidélité, et par là conviendrait à bien peu, si la pratique n'apportait à si austères références de dociles amendements. L'obéissance se subordonne à la bonne volonté, l'abnégation évalue les gages et la fidélité résiste jusqu'à concurrence d'un profit meilleur.

Le vieux serviteur qui meurt attaché où le sort le fixa relève de l'histoire ancienne. La vie agitée de cette fin de siècle bouscule trop les foyers et relâche trop les liens intimes pour que la constance des auxiliaires n'en soit pas ébranlée.

On s'en console à l'idée que l'infidélité, éteinte dans le cœur du domestique, a fait disparaître la servante tatillonne, raisonneuse et despotique, qui méritait un prix Montyon avec la vertu de ses maîtres. Fût-elle si longtemps demeurée sous leur toit sans leur patience angélique soumise à l'épreuve de sa vieillesse acariâtre et de son zèle impotent? Le mérite n'est pas à qui reste, gagée et nourrie, plus encombrante que serviable, mais à ceux qui gardent dans la maison, quoique hors d'usage, une sorte de meuble par destination.

On ne le garde plus; le meuble ne s'y prête point, et de chaque côté l'on se renouvelle. « La rue traverse la maison », a dit un philosophe chagrin, et l'on n'est plus servi que par des passants. Il n'est dans la domesticité jusqu'à la nourrice qui, se montrant fantasque et changeante, ne donne jusqu'au sevrage que la fugitive illusion de sa maternité. Perle est dite qui ne plante là, pour un accès d'humeur, le nourrisson piaillant.

La nourrice de la tradition était comme un ange gardien penché sur le petit berceau. Elle en écartait les maléfices et déjouait les embûches, et sur les paupières closes par ses baisers faisait se jouer l'essaim folâtre des rêves innocents. Quelle distance de la nourrice des contes de fées à la nourrice des comptes de ménage! La première chantait les belles chansons si câlines et dont la source était dans son cœur. Elle fait chanter, l'autre, vénale, indifférente et versatile, menaçant la mère inquiète de lui rendre sans cesse un bonnet qu'elle a singulièrement près de l'oreille.

Le choix d'une nourrice était la grande affaire jadis. Les vieux parents, au premier-né, battaient les buissons autour de la ferme ou du manoir à vingt lieues à la ronde. Ils enquêtaient en personne, visitant les paysannes, se préoccupant de leur santé et de leur vertu, et courant du médecin au recteur. A présent, madame accouche, qu'on ignore encore quel lait l'enfant boira. N'a-t-on point, pour prévenir le bureau des nourrices, le téléphone, « allo! allo! », spécifiant, en langage nègre, si l'on préfère la Cauchoise ou la Picarde, lorsque madame tient pour le pittoresque local et s'arrête plus à la coiffure qu'à la constitution? N'y a-t-il pas là à propos tout un assortiment de nourrices, débarquées de la veille, par les soins du meneur et qui à première réquisition, « allo! allo! », vont en ville!

Ce meneur! Agent électoral, courtier d'assurances, placier en vins, intermédiaire de tout un peu, l'air d'un maquignon avec sa casquette sur l'oreille, sa criarde blouse bleue et à la main son bâton ferré. Matois et cynique, il a cligné de l'œil vers la taille de la jeune femme. Elle a compris. « Pardi, ça se voit déjà. » Elle n'en est pas plus contente. Comment faire à ct'heure? C'est le troisième. L'homme hasarde quelques plaisanteries de circonstance, lourdes et crues; la taxe de tendresses imprudentes dont elle se défend, accusant l'ébriété du mari que l'ivresse porte à la gaudriole. « Bah! la mère, quand le vin est tiré, faut le boire; puis, si des fois il y a de la gêne dans le ménage, qu'on ait besoin de linge, de robe ou de savon, ou d'autre chose, crédit n'est pas mort. »

Il repassera à de longs intervalles, trinquera avec le mari, coulant, bonhomme, tout rond. Il avancera quelques écus et vendra à tempérament. « Faut ce qui faut. »

Le poupon vient à maturité, braillard, exigeant, mais chétif. L'autre accourt, déjà moins tout miel, invoquant la dureté des affaires et les rentrées paresseuses; il veut être remboursé de ces draps qu'il vendit d'occasion, de cette étoffe dont la bourgeoise a fait ses dimanches. Il réclame sont dû, l'exige; il est pressant, il lui faut son argent. En affaires il n'y a plus d'amis, chacun pour soi. On lui remontre les embarras survenus, à la suite de ce petit absorbant le temps que la mère pourrait donner à d'utiles travaux. Un enfant, c'est une charge.

C'est à ce mot qu'il les guette. Il leur glisse d'un air entendu : « Un enfant c'est tout profit, mais faut pas que la mère s'encroûte au village. » Il en sait quelque chose, cet officiel meneur patenté qui depuis dix ans conduit dans la capitale toutes les nourrices du « diocèse ». Il n'y a pas d'état qui vaille celui-là pour peu qu'on soit accorte, qu'on ait la gorge fraîche et le lait sain. Il a son laïus, combien de fois placé à propos, qui flatte la cupidité campagnarde. Comme l'ancien racoleur, bavard, à la langue dorée, prodigue en adjectifs enjoleurs et en images chatoyantes, à la mère accablée qui vit de privations sous la loi rude de l'époux, dans la masure sans confortable, il fait luire les avantages du métier de nourrice sur lieu, chez des richards. « Vous comprenez à cause du nourrisson, pleins d'égards, de prévenances et de petits soins. C'est si délicat le lait ! Les autres domestiques ça se rabroue, et sur leurs gages, comme sur leur nourriture, on rogne. Mais la nourrice est quasi un personnage dont on est trop heureux de faire les quatre volontés. Si elle prenait de l'humeur, ça altérerait la pitance de la progéniture. Elle est servie, ne fait rien que s'occuper à donner à téter au poupon, à le changer, à l'emmailloter, à le sortir. On l'emmène dans la calèche quand on se promène, ou même des fois on fait atteler pour nounou toute seule, qui se prélasse, faut voir ! Et c'est des gages de ministres ! Et c'est des chatteries, et c'est des gâteries, et c'est des cadeaux, à la première dent, pour le sevrage, quand on se quitte. »

La jeune paysanne écoute, extasiée, comme un enfant

un beau conte, cette peinture enchanteresse. Ainsi il y a vraiment un pays de Cocagne où elle, gueuse, échignée, bête de somme, lasse, accablée de peines, d'injures et de coups, elle pourrait entrer, si elle voulait suivre cet homme? Ce monde dont elle sait par ouï-dire le faste et l'orgueil, ce beau monde de Paris deviendrait son séjour ordinaire si elle consentait à retirer de cette petite bouche qui le suce gloutonnement ce tétin par où sa propre vie descend dans l'être qu'elle enfanta! Pour qu'elle soit adulée, choyée et bien mise, il ne lui faut que substituer son lait au lait d'une autre femme qui pour ne pas interrompre ses passagères victoires mondaines et la série des fêtes et des plaisirs refuse à son nouveau-né sa gorge féconde! « Dis donc, insinue le meneur, prenant à part le mari, avec ça, l'ami, que ça serait déjà si bête, si la bourgeoise t'envoyait tous les mois une pile de gros sous parce que M. le comte au maillot boirait le lolo que t'as donné à ta femme un jour que là, quoi, pour dire le vrai, t'avais un coup de vin de trop! » L'homme, sournoisement, du coin de l'œil observé par sa femme, réfléchit, le nez penché à terre, obstiné dans son mutisme que l'autre, goguenard, secoue. « Tu penses peut-être bien que ce sera dur si longtemps privé de bêtises. » Il n'a pas l'idée à la chose que l'on croit, on n'est plus comme des oiseaux; seulement, c'est qu'il faudra qu'on se quitte. « Puis le petit, c'est peut-être pas moi qui le ferai téter, c't'enfant. —

Bien sûr, mais une femme du pays l'élèvera au biberon, pour quelques sous. — S'il n'en veut pas, du biberon? — Il sera bien difficile, le mioche! C'est donc un sénateur, que t'as fait? »

Mais c'est assez causé pour une fois. Le tentateur s'éloigne. Il reviendra demain, après demain, réclamant le paiement de la dette. On aura réfléchi et on lui dira : « Pour ce qu'est de la chose en question, si on savait une bonne place, on pourrait voir. » C'est tout vu. La femme ira à Paris, où des places il en sait à revendre! Ce n'est pas la première nourrice qu'il y emmène, peut-être, ni la seule. « Sais-tu combien, bon an mal an, il en faut là-bas? Quinze mille. Ah! ils ne sont pas si sots que se gêner, les Parisiens, et quand le cœur leur en dit ils ne regardent pas s'il leur en coûtera une nourrice! »

Il n'avance rien de trop : quinze mille est le chiffre. Non certes elle ne sera pas la seule quand le meneur arrivera, débarquant de nuit. Par les rues c'est tout un troupeau qu'il conduira à destination : vingt à trente laitières. Les seins lourds, la démarche bovine, elles iront somnolentes, animales, harassées, sur les pas de cet homme qui ne serait point différemment vêtu s'il avait à mener des veaux à la Villette. Il a compté ses têtes de ruminantes sur le quai, il les a accouplées, et par la ville, les paysannes étonnées et ahuries s'acheminent vers le bureau.

C'est l'étable de ce bétail humain. Les litières y sont

décentes, la denrée y est chétive, et longues sont les journées dans l'attente des futurs maîtres. Elles les passent sur le seuil, lézardant au soleil, engourdies, et déjà victimes du spleen.

Elles ont été dévisagées à chaque demande comme animal au marché. On a visité leurs dents, flairé leur odeur : « Elle sent le sûr ! » On les a dépoitraillées ; on a soupesé la mamelle, évalué son élasticité. Elles ont produit leur certificat légal qui atteste, à la légère, qu'elles n'ont ni infirmité, ni maladies contagieuses, qu'elles sont vaccinées et que leur enfant n'a pas sept mois. Les plus avenantes au bout d'un jour ou deux embauchées ont pu renvoyer le poupon, que le meneur, avec d'autres « petits Paris » insérés dans des bourriches, reconduira jusqu'au pays ; à moins que, rebelles aux charmes du voyage, ils ne trépassent en route. N'est-ce pas la proportion qu'un enfant de nourrice sur deux meure dans l'extrême bas-âge?

Ce sont les chanceuses qui se casent ainsi au débarqué, les appétissantes que les médecins estiment solides sur les hanches et plantureuses du corsage. Les maigrichonnes et les lourdaudes, trop triviales et trop hâlées, voient s'écouler les jours et s'épuiser, avec le sein, où le petit se suspend inassouvi, leur insuffisant magot; car si elles sont logées, elles ne sont point nourries. De louches providences en sont avisées qui rôdent aux alentours du bureau, leur proposant, surtout si elles sont filles-mères, la consolation de tâches que. par apathie plus que par vice, elles finissent quelquefois par accepter.

Celle-là qui déraille à l'arrivée ne portera jamais la livrée somptueuse des opulentes nourrices. Elle n'aura point le casque en torsades épinglé d'or et les longs rubans qui ballent sur la croupe compagnarde, flottant jusqu'à terre, inutiles et dispensieux. Elle ne bercera point dans son nid de dentelles un héritier dont le sang bleu appauvri charriera, pour s'enrichir, des globules plébéiens. On ne la verra point à l'heure du Lac, dans la calèche armoriée, plus hautaine et dominatrice que ses maîtres attentifs à ne point contrarier ce fonctionnaire ombrageux. Elle ne sera pas de la domesticité, la première servie, despotique et délicate, dans la rigueur d'un régime sévère.

Elle avait pourtant fait ce rêve sur la foi du meneur qui en impose aux naïves; mais, roulée dans les bas-fonds qui enlizent sans retour, elle ne connaîtra pas même les maigres avantages des maisons au budget restreint, liardeuses et chipotières, où la faim au ventre ne sonne pas toujours l'heure des repas. Elle n'ira pas s'asseoir à l'ombre délicieuse des squares distingués dans la société de ses pareilles où, de trois à cinq, il n'est vertu discrète qui les retienne de calomnier en rond; elle n'apportera pas au concert vipérin des langues débridées le commérage de son espionnage de mercenaire et l'exposé de ses ruses de paysanne. De la causerie familière sur le cercle du bout du banc, elle ne sera point l'un de ces feuillets de la *Gazette de Hollande* qui relate, pêle-mêle, entre deux tétées, les scandales du salon et les potins de l'office. Elle n'aura pas l'orgueil de dégrafer, avec un geste d'une impudeur tranquille et pour la joie naïve du pioupiou concupiscent, le corsage qui libère le marbre blanc veiné d'azur de ces coupes à l'envers où l'homme, balbutiant ses premiers désirs, étanche, impérieux, ses premières soifs.

L'Institutrice

L'Institutrice

L'institutrice sur lieu est la nourrice du second âge. A l'enfant sevré, présentant le sein universitaire, elle donne à boire le lait de la science. Ce lait est un peu aigre. La petite créature qui fait la moue et s'insurge se venge, sournoise, sur Mademoiselle, de ce qu'entre eux les participes s'accordent si mal et que les verbes soient souvent irréguliers. Courroux que doit essuyer, amène et souriante, la jeune fille, humble par état, tombée du haut de son rêve et à jamais blessée d'une condition qui au servage incline son orgueil.

Son enfance crût dans la gêne et dans la fierté. L'indigence du milieu où s'on cœur s'éduqua et son esprit, se dissimulait à la curiosité malveillante. Point de murmure contre l'adversité, la médiocrité des gains, l'exiguïté du budget qui ne se fût bouclé sans une abnégation réciproque. Sérieuse de bonne heure, studieuse, ambitieuse de s'évader de son milieu, elle brûla son sang dans les longues veillées. Sous la lampe où son front se sillonna de plis précoces, elle s'épuisa, nerveuse, à l'âpre conquête de l'idéal ingrat : le diplôme. Elle avait hâte pour la gloire immédiate et le rapide profit d'atteindre, fût-ce au prix des pires fatigues, les sommets que son imagination voyait si radieux parce qu'y verdoyait le décevant laurier universitaire.

Ses seize ans ne savaient rien du printemps qui chantait à sa croisée ouverte. Les arcanes des mathématiques la détournaient du subtil avril. Si elle allait au bois, où les faunes chuchotent, c'était ayant au bras l'austère in-octavo de la collection des classiques. Elle s'isolait à l'ombre étoilée de marguerites pour interroger sa trigonométrie. Les bruissements des futaies la laissaient insensible, toute aux seules feuilles que ses doigts fébriles tournaient. Son esprit était orné, son érudition vaste. Elle avait réponse à tout, hors si on lui disait : « Je vous aime ». Et si elle rêvait de jeunes hommes, la nuit, c'était d'Annibal ou de Mucius Scévola.

A la veille des examens, les nerfs surexcités, émotive jusqu'à l'aigu et les yeux brûlés de fièvre, elle errait comme dans un cauchemar, les gestes automatiques, saccadés et fous. Son incertitude la crispait d'angoisse. Elle redoutait l'épreuve et ardemment l'appelait, aspirant à la fin de cette épouvante qui aliénait son être chétif.

Le grand jour arrive. Dûment munie de tout un arsenal de buvards, de papier de brouillon, de règles, de crayons, de porte-plume, de fusain, elle se dispose à partir. « N'as-tu rien oublié, chérie? As-tu tes tortillons? Et ta gomme? » Fortifiée dans sa foi, aguerrie, résolue — et pourtant les jambes molles, chancelante, elle s'est dirigée vers le lieu du combat. Pour mieux marquer qu'il s'agit bien d'une bataille, c'est précisément une caserne. La Ville, ne pouvant hospitaliser toutes les examinées dans le pavillon des Champs-Élysées et le palais municipal, a délogé de leurs chambrées les soldats de la caserne Lobau. Dans la cour du quartier — si longtemps vouée à d'autres exercices — elle a installé le baraquement des examens écrits, aménageant les box des écuries pour les examens oraux. « Pourvu, pense la pauvre petite, que comme les chevaux, ici jadis, j'aie accès au ratelier où l'Université, à l'équipage qui traîne son char, rationne l'avoine. »

Elle est arrivée trop tôt. Elle patiente sur le quai, avec ses rivales, associée aux maçons et aux gâcheurs de plâtre dont c'est la grève, et sous le feu des lourdes plaisanteries de ces hommes. Elle pénètre enfin, cent-cinquantième unité du groupe, après les adieux brefs et les paroles d'espoir, de la mère qui lui a souhaité bon courage, de la maîtresse qui espère de ses succès la référence de son prospectus de rentrée.

La chaleur est pesante dans la grande salle, dont sont tenues closes les croisées, car les fardiers sur le pavé font un vacarme qui assourdirait la voix des inspecteurs dictant. C'est une étuve que l'haleine de juillet fait intolérable. On suffoque; les malaises sont prévus. Une doctoresse, expression officielle des succès de la femme, donnera ses soins aux défaillantes, les ranimera, les réconfortera. Celles qui appellent son intervention ne sont point les filles de fonctionnaires aspirant à un beau mariage qui ne courent le diplôme qu'avec l'espoir de ne s'en jamais servir; ni les bourgeoises qui viennent chercher un vernis que la famille fera valoir près du gendre très bien posé que la dot rondelette plus que le pédant brevet décidera; ni les jeunes filles du monde, ambitieuses d'autres titres que ceux de leur naissance, vaines d'un parchemin pour lequel leurs grandes aïeules qui fréquentaient chez Arthénice leur souriront. Celles qui défaillent, sous la hantise d'un doute affolant, ce sont les chères petites dont le sort se décidera en cette suprême journée. Elles n'ont pioché le sol aride des études que pour y recueillir le bénéfice d'une moisson nourricière. Elles espèrent du diplôme convoité le pain pour la maison épuisée en longs sacrifices. Un échec serait une catastrophe. Et de quoi ne dépend-il pas? Une distraction, une inadvertance, un hasard hostile....

Lorsque le président saisit le terrible pli : « Attention, mesdemoiselles! » qu'il en brise le cachet, ouvre l'enveloppe, dans cette figure d'enfant levée vers lui, quel regard anxieux et grave! Et quelles rides prématurées tourmentent le marbre perlé de sueur de ce front inquiet!... Il lit. C'est la dictée. La bataille s'engage dans laquelle on s'échauffe, les tempes se calment, le pouls bat moins vite, l'esprit se rassérène, aiguisé, plus lumineux. Une énergie surhumaine décuple les facultés intellectuelles dans cette minute de suprême floraison.

L'épreuve est passée qu'elle vibre encore, toute chaude de la lutte. L'air du dehors, où la troupe aveuglée se répand en désordre, la ranime. « Eh bien? » C'est la mère qui s'est précipitée vers elle, qui l'interroge, des yeux fouillant ses yeux. « Eh bien? » L'enfant se réfugie en ses bras, agitée d'un rire convulsif que les larmes mouillent. « Je réponds de l'oral; c'est enlevé, va, mère! »

C'est enlevé. Elle a son premier brevet. Elle aura le brevet supérieur. Et puis? Puis elle ira grossir le contingent des aspirantes aux emplois dont ces brevets sont la fausse clef. Elle trouvera sur le palier, dans la même attente, cinq mille de ses pareilles. On l'inscrira à la file. Elle croyait vivre de son savoir, on lui dit qu'elle en vivra peut-être dans quelques années. Mais d'ici là? Un fonctionnaire qui lui veut du bien lui dit : « Remuez-vous. Il n'y a que le piston. » Se remuer! le piston! Elle a appris le français. Quel est cet argot? Ces locutions familières la déconcertent. On lui enseigne que le diplôme est un trompe-l'œil et qu'on n'arrive en réalité que par les influences. « Que connaissez-vous? » lui disait l'examinateur. Mais la vraie question à lui poser c'était : « Qui connaissez-vous? » Vous connaissez la syntaxe, les mathématiques et l'histoire. Mais connaissez-vous des gens en situation ou quelqu'un de leurs gens? L'emploi est au mérite : qui vous protège?

C'est la seconde partie du programme des examens, ce n'est pas la moins pénible. Elle a commencé ses démarches. Elle a couru les bureaux, les salons, les cabinets. Grêle en sa robe sans chic, effacée et timide, elle s'est morfondue dans les antichambres, oubliée sur les banquettes par les coups des sonnettes qui donnaient sur elle le pas aux dames froufroutantes et sentant bon. Elle a rencontré dans ses sollicitations l'indifférence détachée, la bienveillance qui se débarrasse de l'importunité avec courtoisie, la rudesse qui blesse, la suffisance qui rebute et dédaigne. Elle rencontra aussi la chaleur suspecte des protecteurs que sa beauté du diable lui suscitait. On lui faisait des compliments dont elle rougissait, les yeux baissés, toute confuse, dans les grands bureaux solennels, le fauteuil rapproché de ses genoux et les mains emprisonnées dans des mains dont l'étreinte n'était point que paternelle. Elle s'effrayait de ces prévenances, se reculait, et de sa chaise se levait trop tôt. Un froid en naissait soudain qui gelait les mains tout à l'heure si chaudes. On brusquait court et le protecteur s'évanouissait.

Les mois se passaient ainsi, la misère s'aggravait du désespoir. On vivait de peu, puis de moins. Les vieux, à bout de forces, laissaient voir leur lassitude qui s'aigrissait. Et pourtant, elle s'employait de son mieux à la maison pour le pain qu'on lui donnait. Elle aidait la mère, vidait les eaux, lavait la vaisselle, et dans ses heures de loisir raccommodait les nippes, dans sa chambre, sous son diplôme ironique, qu'on avait fait encadrer, à côté du certificat de sa première communion.

Elle trouva, à six kilomètres de la maison, une première leçon à deux francs le cachet. Son élève était un gâteux que l'école avait refusé. Comme pour les bonnes, il y a des bureaux de placement pour les institutrices. Une de ces agences lui découvrit quelque chose dans les trente francs par mois dans un pensionnat, au fond d'une cour plantée de trois arbres rachitiques, et pour cette végétation déchue dénommée « jardin ». Elle était nourrie et couchée. Nourrie à l'ordinaire régime d'un menu qui lui rappelait les horreurs du siège, et couchée dans le dortoir commun, sans rideaux l'abritant contre l'espièglerie des pensionnaires, qui n'avaient de joie, ces anges, que de la voir pleurer.

Triste d'une tristesse invincible, sans autour d'elle d'affection, en proie à la méchanceté ingénue des enfants, souffre-douleur des recluses, sa bonté native se transmua en haine, et sa patience à bout éclata. Elle s'exerça contre des pensionnaires puissantes. Ce fut son renvoi.

Sur le pavé encore! Mais la Providence veillait : par relation elle découvrit une famille en quête d'une institutrice. Elle se présenta, donna des références, fut agréée.

Des mains des bonnes les enfants passent dans ses mains. Ils lui arrivent le visage débarbouillé. Elle, c'est leur intelligence qu'elle débarbouille. Elle leur enseigne à marcher, à sortir, à saluer. C'est la femme de chambre qui les mouche; elle leur apprend à se moucher. Elle est professeur de maintien. Elle mange à leur table et leur dit en anglais ce qu'est la civilité. Entre les repas elle enseigne l'*a b c d* aux petits garçons et mène au cours les demoiselles.

Elle n'a point de livrée, si ce n'est que la laine sombre de son costume imposé s'en rapproche. En toute logique, elle porte en noir le deuil de sa jeunesse et de ses printaniers espoirs. Et aussi le deuil de son sexe. Elle est astreinte au renoncement de la nonne.

Elle est dans le monde morte au monde. Elle a le devoir d'être un modèle d'édification. L'office le sait et en fait des gorges chaudes. Sa vertu est le thème des saillies épaisses, de la cuisine à l'écurie. Le valet de chambre l'éprouve dans les petits coins. En quoi il se rencontre avec le fils de la maison, collégien qui met aux pieds de la jeune fille ses premiers vers. C'est un petit volcan qui brûle en hexamètres. « Monsieur Pierre, êtes-vous fou? — C'est du latin, mademoiselle, et vous êtes la seule femme ici qui me compreniez. » Les témérités incendiaires du gamin le dénoncent; ses billets doux s'égarent. Le scandale surgit. On mande Mademoiselle chez Madame. On lui parle gravement de toutes ces histoires qui ont l'éclat le plus fâcheux. « Il est convenable d'y mettre un terme; ces choses ne se passeront pas chez moi.... » Parce que les domestiques ont été bavards et le jeune maître insolent, elle s'en ira.

Avec en poche un certificat d'un ton sec, point d'économies ou peu, que fera-t-elle? En quelle géhenne tombera-t-elle? Institutrice encore! Bonne cent fois plutôt!

Elle a vu à l'œuvre la basse domesticité, la valetaille fêtarde et frondeuse, dissolue et effrontée, grugeant la maison des maîtres, montant la leur. Elle a vu la cuisinière qui va se retirer, riche de son orthographe de fantaisie, qui lui permettait non moins de fantaisie dans ses soustractions. Alors l'institutrice, de sa plume élégante, qui trace une anglaise haute et distinguée, dans sa rage, rédige pour un journal cette annonce :

« Une jeune personne ayant reçu une bonne éducation, sachant lire, écrire, la géographie, l'histoire, la musique, la danse, les mathématiques, désirerait entrer dans une maison comme il faut pour faire la cuisine et repasser ».

La Domestique

La Domestique

« Comment vous appelle-t-on?

— Je me nomme Blanche.

— Ce n'est pas un nom de domestique, Blanche; vous vous appellerez Marie : j'appelle mes bonnes Marie, c'est plus commode.

— Comme madame voudra.

— Eh bien, Marie, qu'est-ce que vous savez faire? La cuisine?

— Passablement.

— Vous savez coudre?

— Oui, madame.

— Vous savez blanchir, repasser, faire les reprises perdues?

— Je ne sais pas faire les reprises perdues.

— Vous apprendrez. On fait ça le dimanche dans l'après-midi, ou quand nous sortons, ça distrait.

— Oui, madame.

— Je ne vous demande pas si vous savez brosser, balayer, récurer comme il faut, c'est la besogne ordinaire.

— Oui, madame.

— Vous avez des parents à Paris?

— Non, madame.

— Tant mieux, je ne donne pas de sortie.

— Aucune?

— Aucune. Pendant les sorties on fait de mauvaises connaissances et je veux de la moralité chez moi.

— Oui, madame.

— Vous savez les gages? Trente francs par mois. J'augmente quand je suis satisfaite, mais je trouve impertinent qu'une domestique demande une augmentation. Marie, je vais prendre des renseignements sur vous. S'ils sont suffisants, je vous arrêterai.

— Madame est bien bonne, mais comme je suis, moi, suffisamment renseignée sur madame, j'ai l'honneur de la saluer. »

Blanche, qui se nommera Marie, n'a pas toujours la franchise de ce refus. Elle pèse les conditions, les trouve inacceptables, et pourtant accepte. Elle a *in petto* le projet d'opposer la plus indémontable force d'inertie à tout ce qui ne lui agréera point, mais sans négliger d'acquiescer par un sempiternel : « Oui, madame », à tout ordre dont elle se réserve de faire dépendre l'exécution de sa seule volonté. Elle n'est point de l'école de la servante qui pose en entrant ses conditions, tranchante et d'avance agressive, dénombrant les avantages qu'elle exige. « Ces habitudes ne sont pas absolument celles d'ici, ma fille!

— Madame m'excusera de n'en point connaître d'autres : je n'ai jamais servi que dans les bonnes maisons. »

Ces engagements, si différents des patriarcales « louées », commencent toujours par des escarmouches. Ce sont deux ennemis qui s'observent avant d'engager l'action. Cela s'appelle s'accorder. Car le temps n'est plus du vieux domestique dévoué à ses maîtres; en revanche, il est aussi éloigné le temps du vieux maître dévoué à ses domestiques. On n'entend plus un serviteur dire à son maître : « Je suis plus vieux que monsieur dans la maison. » La vie de famille, très simplifiée, a réduit les longs stages des auxiliaires. La faute en est à bien des choses. On en accuse l'exiguïté des appartements et des cheminées, brûleuses de charbon de terre, qui n'ont plus de manteau comme les cheminées au bois où l'on se chauffait de compagnie, maîtres et servants. Le personnel est exilé sous les combles. Il y tient son club; il y installe l'annexe de son syndicat. Car il en a un : le syndicat des gens de maison. Figaro ne serait point mort qu'il le présiderait; mais est-il mort? Le syndicat défend les intérêts de la corporation et maintient l'échelle des gages. Il sermonnerait la vieille servante de l'avocat Grosley, qui, pour dix écus par an et une paire de sabots à Pâques, administrait les biens de son maître, vaquait à tous les offices, et à la place du juriste donnait jusqu'à des consultations de droit romain dont elle tenait quelques clartés des propos recueillis à table.

On ne connaît plus d'un côté cette constance sympathique, et cette fidélité débonnaire de l'autre. Cependant la caméristе, par aristocratie, reste soumise aux anciens usages. Engagée avec plus de mesure et dominée par le respect du blason, elle s'attache volontiers à ne point changer de famille. Sérieuse et bien stylée, fière d'un état dont elle fait estime, — c'est quelque chose que de servir madame la comtesse, — elle vise à rester dans la maison où elle arriva paysanne encore et se dégrossit. Elle est d'agréable tournure mais sans piquant, propre mais sans élégance, fine sans bel esprit, alerte plus qu'accorte et diligente plus que délurée. Elle n'a point le verbe haut, ni le talon bruyant. Le jeu des portes en ses mains est comme ouaté. Elle entre, sort, va, vient, trotte menu, mais silencieuse et glissante. Elle a le secret d'éviter les insolentes surprises d'une présence inopinée, n'étant jamais là qu'à propos, précédant toutefois le coup de sonnette qui la mandera, aux ordres devant qu'ils soient formulés. Elle a quelques petits talents supplémentaires, comme de savoir repasser le fin et appliquer aux toilettes de Madame et pour Madame l'art d'accommoder les restes. Elle achève sa réputation et mérite qu'on dise d'elle : « Ah! écoutez, c'est une perle », dès qu'elle coiffe. Elle est de son village et n'a des sœurs qu'aux champs. Elle ne cousine pas à Paris. Ce n'est point sur elle que l'on aurait fait ce trait :

« Florence, c'est votre jour de sortie?

— Oui, madame, je vais chez ma sœur.

— Vous m'obligerez en remettant votre promenade à un autre jour. Je pourrai avoir besoin de vous, j'ai du monde ce soir.

— J'ai le regret de refuser à madame ; ma sœur elle-même reçoit aujourd'hui et mon absence serait remarquée. »

On a constaté que ces façons ont eu pour point de départ la diffusion de l'éducation populaire. On a des servantes qui possèdent leurs grades, et tel cordon bleu a lu l'*Histoire universelle* avant la *Cuisine bourgeoise*. Elles ont des lettres et des mathématiques. Si elles avaient de l'économie domestique, elles seraient accomplies. On a entendu une de ces Dorine, qui ne pécherait plus contre Vaugelas, rendre son tablier non sans purisme : « Madame, je m'en vais ou je m'en vas, car l'un et l'autre se disent ou se dit. »

La comédie retarde qui montre dans la suivante une confidente : plus instruite que dévouée, elle n'est qu'un complice. Confier son courrier au corsage de Lison est une folie. D'abord parce qu'il est à craindre que Frontin le syndiqué n'y fasse les levées et qu'un chantage dès lors devienne possible. On n'est jamais trahi que par les siens, dit un proverbe qui fait certainement allusion aux domestiques — aussi. Point de lettres que Marton remettra en cachette; et si l'on tient à son repos, point de secrets ni d'aveux.

La femme moderne laisse au répertoire suranné les trop confiantes manières et ne se livre pas à sa suivante. Elle n'attend de cette officieuse que des menus soins. Les rapports sont d'employée à patron. Le vent d'égalité qui souffle dérange à chaque instant les positions et culbute l'échelle des hiérarchies. Qui empêche Lisette d'aspirer aux honneurs, au moins officiels? Son mari sera électeur comme monsieur, et, par ce temps de démocratie, plus sûrement éligible. L'ancienne cuisinière a épousé un boucher maire de sa commune. Le jardinier retiré s'est fait horticulteur et, décoré du Mérite agricole, il aspire à représenter au Parlement les populations rurales. Qui peut dire que sa femme, qui fut femme de chambre, ne sera pas quelque jour la femme d'un des hommes de la Chambre? Ce serait pour étonner Marivaux : mais prévit-il jamais la Révolution? Si loin qu'il poussa la complaisance de la grande dame pour sa camériste, osa-t-il soupçonner ce dialogue surpris au bal des gens de maison :

« Comme tu es ondulée, chère!

— N'est-ce pas que c'est bien? C'est Madame qui m'a coiffée. »

Madame se plaît à ce badinage une fois l'an. Le jour où sa servante joue à la dame, elle peut bien jouer à la servante. Elle s'amuse de la parodie, et sans méditer cette morale galante du vieux répertoire sur le dangereux piquant des chambrières : « Pour une femme un domestique n'est pas toujours un homme, mais pour un homme une servante est toujours une femme. » Dans le *Guide du bon domestique*, on prend soin de rappeler ce précepte aux demoiselles en service : « Craignez, jeunes filles, de vous attirer l'attention d'un maître qui vous conduirait à l'abîme; et toutefois, de ces avances, ne parlez point à votre maîtresse. »

Avis doublement sage, mais c'est aux bonnes surtout qu'on le devrait donner à méditer. Elles sont souvent à tout faire, dociles à toutes les besognes. Monsieur peut aimer à rire, avoir la plaisanterie leste, la main aussi, et, si entreprenant, n'en être pas toujours pour ses frais. Il n'est si grande dame que le muletier ne trouve son heure, dit un proverbe : à plus forte raison si prude Madelon que le maître ne puisse oser.

Les consentantes se taisent ; les autres, sous leur révolte, au fond flattées, jacassent. On connaît l'histoire chez la fruitière, d'où elle revient, en passant par tous les offices au salon. Les amies prennent de petits airs navrés pour plaindre la rivale de toutes ses souillons : « Cette pauvre femme n'a vraiment pas de chance, elle ne peut pas garder de bonnes. »

De quel triple airain ne doit pas être la vertu de ces populaires et robustes servantes ! Leur célibat est soumis à toutes les séductions. Si autour de leurs cotillons douteux le patron ou ses invités ne tournent point, il est de tradition que la domesticité du même palier se prononce sans ambages, et que tout ce qui passe par l'escalier de service peut tenter l'entreprise. Le garçon boucher ne pare pas un gigot sans le fleurir d'allusions ; l'apprenti pâtissier en démoulant sa glace avoue qu'il n'est pas aussi réfrigérant que sa sabotière ; et le charbonnier escompte en patois auvergnat l'irrésistible empire de son torse d'athlète salissant. La vertu qui résiste à tant d'embûches est héroïque. Aussi résiste-t-elle rarement. La naïve y va tout à trac, et c'est pourquoi la chronique révèle si souvent la découverte, sous les lits des bonnes en fuite, de petits enfants oubliés dans des cartons à chapeau.

On n'a point compté au nombre de ces causes de désordre l'influence de l'armée française, car le « pays » n'est pas la fréquentation la plus funeste de la payse.

C'est un simple et un naïf. Il aime avec une âme d'enfant. Ses gants de filoselle appuyés sur son cœur, il jure une fidélité d'assez bon aloi. C'est de lui qu'arrivent les missives aux suscriptions compliquées : « Paris, Seine, France », auxquelles — « si la présente la trouve de même » — répond la jeune fille, le soir, sa vaisselle faite, dans sa chambre sans feu, sous le vasistas, — étroite cellule qu'on trouverait insuffisante pour un prisonnier. Sur un papier, quadrillé pour mieux écrire droit, elle lui conte sa peine, dégonfle son cœur, sourit à l'avenir, et joint à sa lettre, pour qu'il réponde à sa petite femme chérie, trois francs en timbres-poste. « Je n'ai pas trouvé cela si ridicule », a dit le poète. Il a raison, ce sont ces amours-là qui finissent le plus souvent par un mariage.

La dot y aide. La dot de la petite bonne, faite des maigres gages de ces places bourgeoises qui ne sont que des radeaux de la Méduse; la dot vivement arrondie de la bonne à tout faire des maisons où le ménage à vau-l'eau facilite le productif coulage; la dot lentement amassée — par sou à sou du franc — et enflée de quelques héritages de la servante du célibataire qui bassina d'une chaleur naturelle le lit où le maître la pria de laisser la bassinoire; la dot de la camériste, ample de gages bien payés, auxquels se surajoute — l'accessoire devenant le principal — l'argument métallique des fournisseurs dont elle fut le vivant prospectus; la dot de la jolie soubrette, diplomate d'antichambre qui se compte en louis, par une habitude empruntée au langage des messieurs dont elle dut, experte en son babil et de figure avenante, désarmer les soupçons et faire patienter les ardeurs.

C'est en quoi l'état est précieux. Où qu'elle soit, on peut oublier bien des gens et bien des choses, que l'on n'oublie pas la petite bonne.

La petite Bonne Duval

La Petite Bonne Duval

Domestique par destination naturelle, si l'on ne veut pas servir quelqu'un on peut servir tout le monde. Par exemple se faire bonne de restaurant. En instituant ses bouillons, Duval a édicté qu'il rendrait à la femme un tablier que le garçon portait indûment. Dans ses établissements le dîneur aurait à ses ordres des servantes et il en serait touché. Il pensa juste. La vogue lui sourit plus pour ce retour aux vieilles traditions de la maritorne d'auberge que pour les nouveautés du décor. C'était charmant ces petites femmes empressées à l'appel du client, si proprettes et si délurées, à l'uniforme, en manches de percale, en tablier blanc et coiffées d'un bonnet de linge qui convenait à leur beauté paysanne et peuple.

Que d'institutions d'aspect plus durable ont passé que celle-ci ne passe point! Le règne des petites bonnes se poursuit sans éclat mais sans à-coups. Elles n'ont pas eu à disputer leur prestige à l'autre sexe. La clientèle s'accommode mieux de la vue des servantes. La côtelette en favoris manque d'attraits, et même pour le dîneur que la faim talonne une jolie fille a son prix.

Maintenant n'est-ce pas outrer l'hyperbole que de les dire jolies, ces soubrettes du potage gras? Ne sait-on pas qu'une règle préside à leur recrutement et que leur réelle beauté les exclut? C'est pour ne point donner de coupables distractions à la clientèle. Il est par le monde plus de Trublots qu'on ne le suppose. Une frimousse agaçante sous le bonnet incite aux propos libertins, surtout vers la fin du repas, quand la chaleur d'un bien-être animal, dans l'appétit satisfait en réveille un autre.

Il est imprudent de tenter le diable. Duval lui a retiré les jouvencelles dont les yeux sont les sources de toutes les damnations. Il ne veut que des servantes dont la physionomie, sans être laide, n'attache pas. On les choisit appétissantes et sans tare, l'épiderme soigné, mais non piquantes. On leur veut des cheveux, mais sans demander qu'elles les emprisonnent sous des coiffes abbatiales, on les incite à les assembler honnêtement. A peine tolère-t-on les frisettes poncives luisantes de pommade à la rose qui festonnent les tempes. Cela se passe ainsi chez ce restaurateur, du moins, où les quatre cents bonnes sont soumises à une règle monastique quant à la vêture, où, sans exiger du bonnet la vertu sévère d'une cornette, un frein est imposé à la fantaisie des brides.

Tous ces établissements n'ont pas d'aussi rigoureux principes. Il en est qui de la beauté de la servante font le plus grand cas, estimant que le bouillon peut manquer d'yeux quand celle qui l'apporte en a de bien jolis. On y tolère que le bonnet prenne quelques fantaisies, et si même, les brides devenant des ailes, il s'envole, on ne va pas voir si c'est par-dessus les ponts.

C'est un accident, au reste, assez commun. Les bonnes de chez Duval n'en sont pas à l'abri quoique d'âge canonique et de traits peu enchanteurs. Mais il n'est que de plaire! Elles ont en leur jeu tous les atouts de la vertu. Une tenue décente, modeste jusqu'au renoncement, la manche de percale qui est un galon de servitude, le tablier des tâches humiliantes. Rien ne prévaut contre l'amour félon qui fait cible de tout bois pour ses flèches. Il leur faut quand même lutter contre les hommages. On assure que d'aucunes résistent, braves femmes attachées à leur devoir de famille, stables à l'ouvrage et faisant leur dur labeur pour ce qu'elles en tirent un gain avantageux.

Ce n'est pas cependant le gain de jadis. La crise a fait moins large le pourboire, gage unique de cette servante nourrie, mais qui n'espère le surplus que de la clientèle reconnaissante. D'où un entraînement dangereux. Pour être comblée du billon de ses largesses, elle a des prévenances sur lesquelles la fatuité du mâle se peut parfois méprendre. Fâcheux quiproquo. Une amabilité amène une galanterie. Et c'est ainsi que des idylles fleurissent entre la carafe de fondation et le pot de moutarde inamovible.

Ce n'est pas qu'elles aient d'instinct le nez tourné à la bagatelle. Elles ont trop à faire pour y penser. La besogne est tuante de sept heures du matin à dix heures du soir, avec les deux « coups de feu » des déjeuners et des dîners, quand toutes les faims se ruent à l'assaut des menus aux propositions multiples. C'est tout un art que de « faire manger le client », perplexe devant l'étalage de mets, que de le guider dans les dédales de la carte pour qu'il sorte rassasié à son contentement. Il est impatient et veut être obéi au premier appel.

Le gourmet, jadis, n'avait pas cette trépidation, respectueux des rites qui se célébraient à la cuisine. Quand le garçon lui disait : « L'aloyau de monsieur va bien », il avait un geste pacificateur qui signifiait : « Ne hâtons point le mystère ». Il savait ce qu'il devait de déférence à une simple côtelette qui ne briguait que l'honneur d'être servie à point. Mais on ne dîne plus, on mange, on se nourrit. On va chez Duval parce que l'on est pressé et que tout est prêt. La bonne, condescendante à des désirs nerveux, fait une dépense inouïe de force, d'agilité et de mémoire. Ce n'est qu'un passage, mais prolongé trois heures et sans interruption. L'après-midi amène un repos dont la distraction consiste à éplucher des légumes. Ce n'est pas très folâtre. A peiner ainsi que gagne-t-elle? On ne l'a jamais su. Elle ne dit pas la moyenne de ses bénéfices. « En tous cas, avouait gaiement l'une d'elles, c'est une règle que les pièces blanches ne comptent pas. » Par là faut-il entendre que la générosité qui passe la mesure du cuivre est moins un pourboire qu'un hommage?

Tous les vendredis, au bouillon qui fait l'angle du boulevard et de la rue Saint-Fiacre, le calme des après-dînées du vaste hall est troublé de visites opportunes. Mme Tardif reçoit. Tout au fond de l'établissement, assise à un petit bureau en retrait, se tient cette personne respectable, distinguée de manières, dont une bonne de bouillon ne prononce le nom qu'avec déférence. Mme Tardif depuis un quart de siècle a le choix du personnel, qu'elle n'embauche qu'après un sérieux examen. Elle toise la solliciteuse, d'ordinaire conduite à embrasser cet état par une domestique déjà en service. Elle lui demande la fraîcheur du teint, la paisible insignifiance des traits, la modestie du geste, une relative jeunesse, un éclat qui ne soit que de la belle santé et des hanches limitées. — l'embonpoint des servantes étant pour les salons et les cuisines un excès d'embarras. Il n'est permis d'être des Rubens qu'aux verseuses.

La nouvelle venue agréée, après la quinzaine d'essai qui révéla ses aptitudes, a droit à la livrée. Elle a dès lors sa table désignée : la plus sacrifiée de l'établissement, celle où le client ne s'assied qu'à regret, car le restaurant se remplit en vertu de la loi d'attraction universelle. Loi immuable. Le client entre et va d'abord à cette table, puis, à son défaut, à telle autre, toujours la même, jusqu'à la dernière, où il se résigne. Si quelque chose le peut consoler, c'est que les bonnes du fond étant les moins anciennes dans la maison sont aussi les plus jeunes. On le saurait que les lois de l'attraction universelle seraient peut-être violées, — l'amour est un tel anarchiste! — et que le client tout droit irait au fond.

Un roulement serait équitable, mais l'habitué en serait chagrin, désorienté par une figure étrangère. Il y a du célibataire maniaque dans le client assidu. Il a son coin dès le premier jour adopté; son humeur tatillonne ne se plaît que là, avec la bonne qui sert là, familière, qu'il connaît, appelle par son prénom. Elle n'attend point qu'il se prononce, sachant ses goûts. Elle ménage son estomac et règle son appétit. Elle l'instruit en confidence, à mi-voix, de ce qu'il y a de bon et de manqué : « Prenez notre gibelotte, elle est excellente. — Et vos pieds ? — Je ne vous les conseille pas aujourd'hui. »

Près de cette servante aux petits soins le célibataire s'isole dans le tohu-bohu du restaurant, et retrouve l'intimité du chez soi. La reconnaissance s'impose pour ces attentions journalières qui grandissent en importance à mesure que, vieillissant, la bonne chère dans l'admiration du dîneur prend de la belle chair la place. Des testaments portèrent la trace, dit-on, des bons souvenirs que, dans l'esprit des vieux garçons, le bouillon avait laissés. Mais la médisance à ces libéralités d'outre-tombe prêta toujours un mobile dont la bénéficiaire ne se pouvait défendre que par son âge et sa laideur.

Le client habituel a pu abuser de ces relations familières qu'une rencontre quotidienne ménage. S'immisçant dans la confiance de ces simples filles, à d'aucunes il indiqua des placements funestes. Que de magots ont fondu ainsi ! On dut mettre les plus économes en défiance contre les conseils intéressés de vieux messieurs qui drainaient la petite épargne tout en déjeunant.

Le client est le grand coupable. Il fait les positions et les défait. Il ne les a jamais tant défaites qu'aujourd'hui. Mme Tardif en soupire. Le cœur réjoui, la panse pleine, il incline aux propos badins, vers les cure-dents. « Faites régler, Joséphine. » Et quand Joséphine revient ayant fait traduire à la caisse en chiffres connus les bâtonnets multicolores d'une fiche dont l'acquit est un *exeat*, langoureux et polisson, il laisse la monnaie dans la soucoupe. « Vous sortez, Joséphine..., quel jour? »

Imprudente qui le lui confie! Plus tard, à son bureau, négligemment, en rognant ses ongles, il dira, l'œil détaché et suffisant : « J'ai rencontré une bonne du bouillon où je mange. Elle était mise avec un chic! On n'aurait jamais supposé une graillonneuse. Elle est mieux toutefois autrement. Non, voyez-vous, dans ces petites bonnes ce qu'il y a de plus affriolant c'est peut-être encore le bonnet! »

La petite Blanchisseuse

La Petite Blanchisseuse

« Une blanchisseuse n'est pas une grosse dame. Y a blanchisseuse et blanchisseuse : toi, t'es blanchisseuse en menu, et quand même tu n' blanchirais qu' du gros, drès qu'on a de l'inducation, fille de paille vaut garçon d'or. » C'est au dix-huitième siècle, par le truchement de Vadé, une mère qui parle ainsi à sa fille. Elle a la vanité de son état. Elle sait ce qu'il vaut et croit ce qu'on lui en dit — au Gros-Caillou. Mais il y a blanchisseuse et blanchisseuse. Voudrait-on comparer la repasseuse à la savonneuse et la savonneuse à la « poule d'eau »?

La poule d'eau — lavandière du bateau — se tient sur l'eau comme une poule. Elle fait le gros. Commère haute en couleur et de ce que les mariniers l'éduquèrent assez mal embouchée. Elle n'a pas voulu, avec eux, être en reste de poissarderies. Elle s'est composé un répertoire sans vergogne qui lui a valu l'épithète supplémentaire de « baquet insolent ».

Elle ne la mérite pas que sur la rive. Aux lavoirs, dans Paris, dont l'enseigne est, on ne sait pourquoi, un drapeau tricolore en zinc, elle n'a ni la langue moins bien pendue, ni le style moins truculent. Elle n'a pas davantage la main moins prompte. La grande Virginie en sait quelque chose que troussa Gervaise. Une constante pointe d'ivresse met l'irritation à fleur de bonnet. C'est que l'état est pénible et oblige à recourir aux réconfortants, petits verres variés que, juste à propos, l'on débite dans un cabaret voisin. On les va boire à la bonne franquette, les bras nus, la gorge libre sous le corsage, le tablier de grosse toile mouillé à tordre collant aux genoux et les pieds dans des sabots. Crânement, hanchée devant le comptoir, dépoitraillée dans les mots comme dans la tenue, on vous savoure, au coup de quatre heures, le piccolo, et si c'est du raide, on n'est point des « graillonneuses » pour grimacer parce que ça gratte. Les « graillonneuses », tenues en si haut mépris qu'on les juge indignes de s'enfiler congrûment un calvados, sont les bonnes envoyées au lavoir ou les économes ménagères. Les laveuses — et même les pauvres piéçardes qui vivent des savonnages à la pièce, n'ont, pour ces étrangères à la corporation, que sarcasmes et quolibets.

La blanchisseuse de lavoir n'est point la blanchisseuse dont la silhouette est familière à la rue ; celle que les poètes chantent quand ils sont Monselet et qu'ils épousent quand ils sont Dufresnoy. La friponne qu'on rencontre, le panier d'osier au bras, portant le lundi chez la pratique paresseuse le linge à midi, ne savonne point : elle repasse, et guère que le neuf ou le fin. La blanchisseuse de campagne fait le reste, desservant la clientèle par les soins de bonnes grosses filles au carmin campagnard, se moquant un peu des regards glissés sur le mollet robuste que découvrent les lourdes jupes dans l'ascension du marchepied. La blanchisseuse, ce trottin de la lessive, est une fleur de la cité. Elle pousse, pâlotte, à l'atelier ou à la boutique.

La boutique est sur rue, sobre d'attraits et d'enseignes, médiocre d'agencement. Derrière la glace nue ou que protège l'insuffisante mousseline d'un rideau, l'ouvrière travaille. Dans l'atmosphère surchauffée par la mécanique au feu constant, son sang se décolore — si ses pommettes s'avivent — et son être prend les teintes délicates de l'anémie. Au plus fort de l'été, il lui faut subir l'haleine torride de la fonte rougie. Debout à sa planche, et sans repos, car la station assise lui est interdite, elle traine sur le tissu qu'elle lisse et détire le fer dont sa joue éprouve la chaleur. Ce n'est pas une caresse que ce va-et-vient, ce satinage sur la glace laiteuse de la batiste ou du nansouk, mais une pression qui exige un plein effort. Si la main se masculinise dans cette étreinte, le dessin du bras s'affermit, et ce n'est un secret pour personne. Au su de tous, porte largement ouverte par où le flâneur est admis à plonger les regards, elle ne tolère qu'un minimum de costume à peine pudique : mais à la chaleur quelle pudeur résiste !

Ce laisser-aller invite le client à s'enquérir à la boutique de l'état du linge qu'il y donna. Elle est toujours de saison la remarque de la blanchisseuse sur les élégants qui, pour briller en chemise blanche le dimanche, l'apportent le samedi. C'est l'occasion d'un bout de causette avec ces dames. Le bouquet qu'il apporte et fera des jalouses autorise un soupçon de flirt, sauf toutefois quand la boutique s'emplit du linge trié en monceaux, étalage réaliste de nos souillures auxquelles la blanchisseuse a le pouvoir de donner l'absolution. Ce jour-là, qui est le lundi, le client galant s'abstient de faire sa cour à la petite blanchisseuse qui l'affriande pour ce qu'elle est si librement vêtue.

Elle n'est pas toutefois débraillée. Elle n'a qu'ôté le superflu qui la réduit à une toilette d'intimité, blanche des pieds à la tête, de-ci de-là déclose, et désirable ainsi. D'autant que l'ardeur au travail anime son teint et vernit ses regards, et que son esprit de faubourienne est à l'unisson du reste : court vêtu. Il fait assez chaud pour qu'elle n'ait pas froid même aux yeux. Avec les dames de la Halle, elle partage le monopole des vertes répliques. Sans avoir des manières de « poules d'eau », on n'est pas des endormies. Être bien éveillée est même la grande affaire. Aussi fait-on au café sa cour assidue. On se passerait de pain, non de petit noir. C'est un tribut que toute patronne doit à ses ouvrières. La cafetière voisine avec les fers sur la mécanique. L'eau y bout du matin au soir, souvent épuisée par les gourmandes du parfumé breuvage. On en prend le matin, à midi ; on en prend à la pose et le soir ; on en prend si l'on veille. Après déjeuner, au bar des Pieds-Humides se pressent d'abord les blanchisseuses des environs ; elles y savourent un moka de deux sous. C'est l'heure de Don Juan. On enchaîne la modiste avec un bouquet de violettes : on ne conquiert la blanchisseuse qu'avec un gloria.

Pour sa démarche sautillante de grisette, sa mine futée et la claire netteté de ses atours, elle est cette petite blanchisseuse qui a trouvé place dans la littérature. On a su, lorsqu'elle allait chez les vieux garçons, qu'elle ne rentrait pas très vite. Les caricaturistes ont insinué que pour la retenir on avait poussé le verrou. L'estampe populaire fait entendre en quelques scènes égrillardes que la blanchisseuse laisse friper son linge en reportant le linge qu'elle a défripé. Paul de Kock s'en est égayé, recueillant des autographes qui accusaient de libertines complaisances. Il l'a surprise, sur la porte d'un client écrivant : « Je suis vénus », ou sur la sienne pour le client qui va venir : « Je cui ché la voisine ».

Ne croyez pas, sur la foi de ces méchantes langues, que la blanchisseuse est dissolue. Elle n'a de liberté que dans ses façons. En cela pareille à ses sœurs les ouvrières. Toute femme au travail régulier n'est point fêtarde. Celle qui noce est vite perdue pour l'atelier. L'ouvrière a ses aventures naïves et tendres, mais à peu de chapitres nouveaux se borne son douloureux roman.

La vertu de la blanchisseuse est à l'épreuve même du carnaval. Elle se grise et garde sa tête. Le vin du triomphe l'enivre sans l'égarer. La reine des reines, tout adulée qu'elle soit, toute choyée, fêtée, acclamée, idole d'un peuple, rentre au lavoir, dépose le diadème, et de reine redevenue sujette, reprend avec le joug ses fers.

Michelet disait connaître une blanchisseuse qui aurait pu s'asseoir sur le trône. Peut-être s'y était-elle assise. La corporation a son trône où l'exercice du pouvoir se limite à un jour. Sage mesure : on a ainsi le temps d'être aimé de son peuple, point d'en être haï. La reine s'élisait jadis au lavoir, qui lui donnait un écuyer. Un porteur d'eau, faisant fonction de grand chambellan, le jour de la fête, guidait la souveraine sur le bateau, où les ménétriers l'attendaient. Elle ouvrait le bal comme il sied aux monarques. On dansait jusqu'à cinq heures. Les cavaliers faisaient venir un carrosse de louage, la reine y montait; la bande suivait à pied gaiement vers la prochaine guinguette, où la nuit entière on se réjouissait.

La royauté de la mi-carême n'a plus cette naïveté; elle a toujours cette vertu. Les lavoirs élisent leurs reines, qui, à leur tour, entre elles désignent la plus jolie, non sans en compte faire entrer sa sagesse. Son nom dès lors vole de gazette en gazette. On s'arrache son portrait. Ses conseillers lui commandent sa toilette du sacre. Madame mère veille à ses dessous. Elle a des dames d'honneur et des pages. Elle a des gardes du corps. Autour de son char triomphal ses écuyers cavalcadours — garçons bouchers qui ont de l'équitation — galamment font des grâces. Les étudiants lui donnent une bague et un baiser; le chef de l'État, un bracelet et un sourire. Elle va le soir à l'Opéra, en robe à traîne dont ses suivantes portent la queue. Elle y est saluée par des gentilshommes à faux nez et des Anglais à favoris postiches. Et ces masques qui l'entourent, ironiques et menteurs, lui donnent la mesure de son éphémère royauté. C'est du carton.

Royauté sans histoire et sans lendemain. La première reine des reines, Louise Sicard, élue de 1891, mit sa couronne royale sous un globe et donna sa couronne d'oranger à son mari, puis reprit le battoir. Dans une petite boutique de la rue des Couronnes, Henriette Delamarre continua à repasser des chemises — et ses souvenirs, restée rêveuse à la pensée de son court triomphe et de sa robe de reine gardée blanche pour être sa robe d'épouse. La blonde reine de 1895, Louise Grimm, écarta les fiancés frivoles pour un mari dont le choix ne fut point hasardeux. Moins réfléchie, une autre de ces majestés épousa un artisan qui l'abusa.

Une de ces héroïnes, au lendemain de l'apothéose, vit accourir, futurs sérieux, un charbonnier et un charcutier, qui se retirèrent, refroidis d'avoir appris qu'il n'y avait pas de liste civile. Comme Don Carlos, celle-ci, pour désintéresser les créanciers féroces de sa famille, dut au mont-de-piété porter son diadème et tous les vestiges de son pouvoir d'un moment. La ruine par ce sacrifice n'était pas conjurée et la pauvre petite reine prit le chemin de l'exil.

Elle aurait pu glisser aux concessions qui ne perdent pas que les gouvernements, elle s'y refusa : on est dans le blanc, on y reste. La galanterie n'embrigade point les blanchisseuses. Si haut qu'on remonte dans l'histoire de leurs reines, il n'y a rien à glaner pour les rieurs de l'anecdote. La plus ancienne d'entre elles dont le nom soit connu, Mlle Poupin, reine en 1843, s'asphyxia deux ans après, vierge encore, dans un taudis de la rue Serpente. Blanche Chossa, reine en 1845, se maria avec un garçon de lavoir qui eut sa popularité aussi : il périt sur l'échafaud. Elle en devint folle. Anna Leduc, trois années élue, âme de grisette, se fit périr par le charbon.

Enfin voici la brebis galeuse : c'est la reine de 1853. Marguerite Fauchon. Elle quitta le linge des autres pour exhiber le sien sur les planches du Palais-Royal. Elle s'y fit appeler Louise de Chamereau. Elle y eut un grand succès pour ses diamants et sa beauté. Ce ne fut qu'un éclair : dans le canal, à peu de temps de là, elle plongea et disparut.

Celles qui ont une histoire n'ont qu'une triste histoire. Heureuses qui n'en ont pas ; c'est l'ordinaire. La vie des petites blanchisseuses prête plus à l'imagerie d'Épinal qu'à la gazette de Hollande. Ce serait une suite édifiante à crayonner. On les verrait, dès la plus tendre enfance, proprettes et ménagères, rinçant les bas de leurs poupées dans des saladiers à dînette. Puis, entrées en boutique et laborieuses, portant, mais sages, le linge à la pratique, luttant de ruse avec les verrous des vieux garçons. Moyennant quoi, jolies comme les amours et blanches comme leurs ailes, elles recevraient la couronne. Reine des reines, sur un char doré, le diadème au front, elles traverseraient les grands boulevards sous un dais de serpentins et une pluie de confetti. L'Élysée leur ouvrirait ses portes, les Écoles les escorteraient et les édiles leur souhaiteraient la bienvenue. Elles auraient à leurs pieds Paris tout un jour. Le lendemain, un garçon charcutier les demanderait en mariage. Elles diraient : « Oui, monsieur », seraient peut-être heureuses et n'auraient point d'enfants. Car, d'après la statistique, la royauté des blanchisseuses à la France ne donne pas de dauphins.

LA MODE ET L'ART

Le Trottin

Le Trottin

L'Art et la Mode concourent à l'apothéose de la femme. Par l'art, elle est déesse; elle est fée par la mode. Le génie l'exalte et le goût la décore. Le génie, c'est quelquefois son propre génie, — c'est tout au moins le génie qu'elle inspire, duchesse et maîtresse du Titien, boulangère et modèle de Raphaël Sanzio. C'est aussi le génie dont elle est inspirée, traductrice idéale des grandes œuvres et leur interprète. Jusqu'en le spectacle trivial, par l'unique présence de son corps en le maillot dessiné, ne donne-t-elle pas encore du Beau la charnelle vision? Donc elle est servante de l'art, qu'elle soit modèle à l'atelier, figurante à la scène, musicienne, comédienne, chanteuse ou modestement acteuse.

Mais si elle n'est qu'invitée au royaume de l'art, elle règne seule et sans conteste sur l'empire de la mode. C'est par là qu'elle est artiste éminemment. Là, elle invente et crée. Son imagination toute pleine d'elle-même, en ce labeur de Pénélope, ne connaît, depuis la nuit des temps, ni lassitude ni indifférence. Elle se pare et s'adorne, complaisante de soi, ambitieuse à qui ne suffit point de plaire assez, mais de plaire davantage. Elle est sa propre poupée, n'ayant de joie vraie qu'à se faire belle.

Nulle tâche ne la rebute en ce perpétuel gala de la nouveauté, — auxiliaire ou comparse, demoiselle de magasin, mannequin, trottin même. — Ah ! l'essaim charmant des apprenties en modes !

La mode a son rapin comme la peinture. Le rapin de la mode, c'est le trottin.

Dentelles, chapeaux,
Rubans et manteaux,
Voyez comme elle trotte.

Quatorze ans, quinze au plus, l'œil espiègle, la taille maigrichonne, emprisonnée dans la ceinture qui sangle son corsage d'étoffe indigente sur sa poitrine débile, fleur d'anémie, mais pourtant fraîche ; des frisons s'échappant du chapeau, le pied leste et la hanche à chaque effort repoussant le classique carton pesant au bras gauche, le trottin, sur le trottoir, par tous les temps, trotte. Et le vieux monsieur, qui pourrait être trois fois son père, mais qui, pour une moindre parenté, garde ses préférences, se détourne quand elle passe souriant, attendri et protecteur.

Voit-elle le vieux monsieur? Moins qu'il ne la voit. Elle n'est pas une gamine, mais elle n'est pas encore une femme. Tout son être charmant qui aspire à l'émancipation pour s'évader de l'enfance se façonne sur les ouvrières, ces « dames de l'atelier », modèles que, gauche, amusante et candide, elle pastiche dans sa coiffure, dans son maintien, dans ses propos ; d'où ce piquant désaccord entre son répertoire et sa moralité ; d'où cette différence d'âge et de vertu entre ce qu'elle semble savoir et ce que certainement elle ignore. Trompés par son nez retroussé et son verbiage précoce, « C'est Musette », dit-on. Pas encore. Elle n'est rien que trottin aspirant par contrat à l'investiture de « première » un jour ; mais pour l'instant apprentie en modes.

En modes et en tout.

Aiguisant ses fines dents de jeune loup destinées peut-être à grignoter mieux que son croissant d'un sou, elle arrive à l'atelier à neuf heures, venant du fond de Grenelle ou de Ménilmontant, éveillée d'un œil, peignée à la diable, attifée de même. L'atelier se peuple des arrivantes, essoufflées, toujours en retard.

maussades ou guillerettes selon le souvenir de la veille ou l'espoir du lendemain. Chapeaux dépinglés dans un joli geste qui, avec les bras repliés, donne au corps de la femme une grâce d'amphore antique. Gants étirés, cheveux tapotés à petits coups sur les conseils de la glace, on s'installe dans un froufroutement d'étoffes dépliées, de chaises remuées, de ruche en plein bombillement. La grande table se nuance de fraîches et délicates couleurs; des fleurs éclosent artificielles des boîtes ouvertes; des ruches s'agitent, souples sensitives; des plumes virevoltent entre les doigts experts et échafaudent des édifices de laiton qui sont la charpente des coiffures en vogue. La besogne du trottin commence, diligente et docile, servante des aînées. « Les ciseaux, Maria. » — « Louise, mon fer. » — « Félicie, allez me chercher!... »

Allons, Félicie, Louise, Maria, allons trottin, trotte, c'est ta tâche et tu n'es là que pour trotter. As-tu songé au journal de celle-ci, au feuilleton de celle-là? As-tu mis à la poste un billet doux griffonné sur le rouleau d'un ruban? N'as-tu pas oublié le petit bleu de Mlle Léonie? As-tu pensé aux deux sous de tabac à priser de la « dame aux marchandises? »

Automatique et mobile, comme déclenchée par un ressort, à chaque ordre reçu, petite marionnette aux gestes raides, elle va, vient, passe, revient, paraît, s'en retourne et reparaît. Cendrillon qui croit en la fortune de son petit pied, elle obéit, revêche, une facile impertinence à la bouche, rechignée, de mauvaise grâce et boudeuse. « La dentelle noire, Félicie. » — « Félicie, le ruban vieil or. » « Vous revenez de courses, Félicie? » « *Voui*, madame et c' que j'ai chaud! » — Eh bien, il faut retourner. » S'asseoir, souffler, se reprendre? Comment le pourrait-elle : l'atelier n'a pas prévu de chaises pour le trottin!

A cette vie qui serait un enfer pour d'autres, elle aspira comme au paradis. Dans les dernières années de la laïque, en l'attente de ses quatorze ans, meublant de problèmes faux et d'orthographe imparfaite son maussade cahier aux armes de la ville de Paris, honteuse de sa robe courte, elle rêvait des jours bénis où le panier qui l'humiliait à son bras d'écolière serait le carton blanc du trottin. Avoir un bout de chapeau tous les jours, la liberté de la rue, la flânerie aux boutiques, aller chez les belles dames, dans de belles maisons, pénétrer dans les coulisses du luxe et de la richesse, quel rêve! Et quelle joie elle en eut quand il se réalisa, quand dans le magasin, une fois franchie la devanture où son petit nez s'était, curieux, écrasé si souvent, la patronne, une blonde chimique, entre deux âges, somptueuse, peinte, qui l'intimidait, souscrivit aux conditions. « Au pair et dix sous par jour quand elle saura.... Et qu'elle m'arrive à l'heure, j'aime l'exactitude. Et propre. Il faut de la tenue chez moi, on ne va pas chez des clientes comme les miennes en souillon. » On a présenté la nouvelle, timide, embarrassée et niaise, à la première, qui l'a toisée d'un rapide coup d'œil sans plus s'en occuper. « Vous viendrez demain, à neuf heures.... »

Demain, trottin, tu trotteras....

D'abord rougissant quand on la commandait et pleurant quand on lui faisait des reproches, elle s'est faite aux reproches et aux ordres. Délurée et observatrice, n'était-elle pas dans son rôle? Les fillettes des faubourgs sont trottins de naissance. Sœurs de Gavroche et, comme lui, effrontées, tout de suite à l'aise où le hasard des pas les conduit. Jusqu'au bout de leurs ongles pas encore soignés (ça viendra), elles sont parisiennes de tempérament et de race, et plus parisiennes qu'elles ne le seront jamais : naïvement, sans malice, sans masque. Elles sont le charme espiègle de la cité et la plus curieuse expression de ses flâneries. Sans arrière-pensée, sans nulle préoccupation de snobisme ou d'art, elles jouissent de la rue pour la rue, spectatrices de tous les rassemblements, amusées des cochers qui s'outragent, des ivrognes qui titubent, des chiens qui flirtent; auditoire de tous les chanteurs, lectrices des illustrés aux étalages des libraires; public de tous les grotesques du drame ou de la comédie; vermeilles églantines des haies vivantes sur le passage d'un régiment, d'un chef d'État, d'un mort illustre et surtout de la mariée qui ennuage d'un tourbillon de blancheur sa virginité précaire.

La rue éduque le trottin; c'est surtout de la rue qu'elle est l'apprentie. La boutique affine ses goûts et avive ses désirs, mais elle hésite encore entre la pâtisserie qui parle à sa gourmandise et le grand magasin qui s'adresse à sa coquetterie. Un gâteau la consolerait d'une belle robe. Notre désir a la sagesse de n'aller jamais très loin dans l'impossible. Son ambition n'a que son âge. Elle muse à des babioles. Riche des sous de ses pourboires, elle s'offre un flacon d'odeur au rabais, une glace dans une arrière-boutique ou, chez le papetier, elle s'achète certain papier à lettres rose avec son banal nom de baptême imprimé en or dans l'angle.

On n'a pas du papier rose avec son nom doré pour écrire à sa grand'maman le jour de sa fête. Cette papeterie incite à de moins innocentes épîtres. Qu'écrire sur un vélin si tendre et si luxueux? A son amie d'abord; mais cette correspondance expédiée il reste bien des feuilles inutilisées? Qu'en faire? sinon des billets doux dont on a appris de ces demoiselles et le style et le jeu.

L'atelier est un terrible maître en choses d'amour, surtout l'atelier des ouvrières en modes. Sans mériter la réputation licencieuse qu'il avait au dix-huitième siècle, sans être le sérail où le galant de la rue faisait en passant son choix, peuplé de femmes charmantes et jeunes, soucieuses d'élégances, vaines de leurs grâces et faciles aux jolis péchés, il est tout indiqué qu'on n'y parle guère du matin au soir que d'amour. C'est le thème obligé. Les confidences s'appellent, les faiblesses s'avouent, et dans les conversations libres, confiantes, sans feintes, se dénouent les faveurs roses de multiples intrigues. De Célimène à Dorine chacune a son roman, au jour le jour vécu, et dont chacune intéressée attend la suite à demain. Le trottin, sans paraître y prendre garde, écoute et retient. Son cœur est naïf, sourds ses sens; elle ne saisit que confusément le pourquoi de l'éternelle comédie, mais l'esprit lui vient comme il vient aux filles et sa candeur fond insensiblement, comme à son insu, à la chaleur des voluptueux propos.

Elle apprend à laitonner une coiffe ou à chiffonner un ruban; mais ce n'est pas là tout ce qu'elle apprend : fine oreille et fine mouche, on le voit de reste à son langage d'une richesse et d'une variété déconcertantes, car la précocité s'y accouple à l'enfantillage : c'est Agnès qui riverait son clou à Arnolphe.

Ce n'est pas d'ordinaire Arnolphe qu'elle rencontre sur sa route, mais les petits calicots des fournisseurs qui font de l'œil en même temps qu'ils ficellent les paquets, des petits jeunes gens très « farce » qui la font rire, mais qui peut-être un jour la feront pleurer, car à ce jeu on va vite. Et ce sont alors des romans platoniques et compliqués, coupés en chapitres extravagants où ne manquent ni brouilles, ni jalousies, ni réconciliations. On se parle à la dérobée, on s'écrit de même toutes sortes de choses très puériles sur le papier bleu tendre qui porte dans l'angle un nom doré. Ces badinages sont à fleur de peau et surtout à fleur de tête, mais la coquette s'y éduque, ingénue et rouée comme une potence, s'exerçant à son métier de femme, attisante et cruelle, fantasque et prudente, essayant son futur pouvoir et préludant à ses inextricables mensonges en inventant pour sa mère, qui la gronde de ses retards, d'imaginaires veillées.

« Qu'as-tu fait en route? » La mère, la patronne, les ouvrières n'ont à la bouche que cette question. Elle n'est pas partie qu'on la voudrait voir rentrer pour la faire repartir encore. Elle le sait et va sans hâte. Puis tant d'occasions allongent son chemin, qu'elle ait regardé, qu'elle ait causé. Où ne connait-elle pas quelqu'un? Elle a jalonné Paris de relations, si liante et si jacasse, curieuse de tout savoir comme de tout voir. « Vous voilà, ce n'est pas malheureux. Qu'est-ce que vous pouvez bien faire dehors? » Ce sera le même accueil, gros de soupçons, ce soir, chez la mère. De retour au cinquième, dans sa chambre exiguë, malodorante, éclairée d'une lampe sentant le pétrole : « Qu'est-ce que tu as fait en route que tu reviens si tard et tout essoufflée? » Et c'est assez pour qu'elle devine qu'en route décidément on fait quelque chose. On lui apprend, par la crainte qu'on en a, les tentations que la route improvise pour les fillettes. Elle est donc si perverse que cela et si pernicieuse, la route, qu'elle n'en revient point sans qu'on la regarde dans les yeux pour lire au fond ce qu'en route elle a fait?

Elle s'endort, se berçant de ce pourquoi dans son lit trop étroit de fillette grondée. Et la mère surprend, au cours de son sommeil, d'étranges mots entrecoupés. « Tu rêves? » Sur la route où fleurissent les songes dorés, c'est l'esprit de trottin qui trotte.

La Demoiselle de magasin

La Demoiselle de magasin

« C'est tout ce qui se fait de mieux..., c'est notre dernière nouveauté.... Maintenant, nous avons en moins cher. C'est encore très joli..., on ne porte que ça cette année.... En cette nuance? non. Je n'en aurai pas. Ça ne se fait plus. Nous avons soldé ce que nous avions. Une personne élégante ne pourrait.... Madame se décide pour ceci... j'en étais certaine. Il ne vous faut pas autre chose, madame; c'est bien tout? Nous sommes en ce moment très bien montés.... Ne vous dérangez pas, madame, je vous accompagne.... Au revoir, madame. » Et la demoiselle de magasin, sur une discrète révérence, revient, légère, à son comptoir. Une cliente l'y attend dont le désir sautille d'un objet à l'autre et par fatigue semble se fixer.

La demoiselle de magasin appartient à la fois, par sa diplomatie à l'École des hautes études politiques, et par sa science de l'arrangement à l'École des beaux-arts. Sa tâche est double. Elle étale et négocie.

Étaler c'est faire œuvre d'artiste. Dans un cadre donné, dont elle ménage les premiers plans, elle associe les tons, combine les lignes, établit la perspective. Sans pinceau ni palette, avec des étoffes et des bibelots, elle dispose un ensemble qui forme un tableau agréable de lumière et de couleur. Le magasin s'achalande par cette mise en scène qui n'est qu'une mise en valeur. Il retient par le chic de l'arrangement. L'éventaire étant la première des publicités. Tout pour la montre et le dehors. C'est une exposition permanente et publique. La spécialité même, qui si longtemps se déroba, dédaigneuse, derrière les boiseries de ses hauts comptoirs, a abaissé jusqu'à l'étalage l'orgueil de ses prétentions. Elle s'affiche. Il n'est jusqu'aux anciennes réputations, jadis attendant le client, qui ne le sollicitent. La vieille boutique aux mœurs austères s'est mise en frais de coquetterie, elle est descendue au trottoir, raccrocheuse aussi, pour sacrifier à la mode. Elle flatte la flânerie qui passe, musant aux babioles, puisque c'est fini du temps où l'acheteur d'un pas délibéré allait confiant à sa maison d'habitude, comme on va en visite chez ses connaissances.

Séduire est la condition initiale de la vogue : ne serait-ce point la raison qui ne fait recruter les demoiselles de magasin que parmi les personnes agréables? Un visage avenant dispose bien la clientèle. Comment échapper au prestige d'un être gracieux, d'humeur aimable, qui vient au-devant de vos désirs les yeux rieurs, la bouche toute sucrée de respectueux adjectifs et les gestes empressés? On regarde l'objet, mais qu'il gagne dans une jolie main! Les négociations sont moins laborieuses lorsque la marchande distrait de la marchandise. S'impatiente-t-on à attendre quand la recherche ménage des attitudes où l'œil se complaît? Un carton difficile à atteindre oblige à l'effort du bras levé qui dégage la taille. Cherchant plus bas, se baisse-t-elle? on a la vision de la nuque et ses troublances. Le regret de l'achat ne viendra, s'il doit venir, que le seuil franchi. Dans la boutique, le charme opère jusqu'à l'empaquetage rectiligne et coquet, triomphe des doigts déliés et vifs, pourtant moins prompts si l'on paraît s'apercevoir que les ongles sont polis et soignés. La ficelle nouée, l'emplette est tendue à l'acheteur avec un alerte et dégagé « Voilà, monsieur », qui dit la satisfaction d'un marché terminé, et vous laisse le regret de quelque chose comme un flirt interrompu.

La conquête du client, c'est la victoire sans combat.

Il est venu, il vous a vue, il est vaincu d'avance. Autrement ardue est la conquête de la cliente. C'est jouer au plus fin avec son égale. Nul sentiment étranger à la lutte n'incline la balance du côté du comptoir. Égoïste, gaspilleuse du temps d'autrui, sans goût arrêté ni choix préalable, dans ces interminables pourparlers sans achat, la cliente donne à sa ruse libre patente. Entrée sans trop savoir pourquoi, satisfaite d'être assise à l'aise dans le cadre où sa coquetterie voluptueuse se mire, elle fait étaler sous ses yeux qui s'en amusent mille futilités qu'elle touche, quitte, reprend, toise, froisse et n'achète pas.

La cliente n'est pas toujours une adversaire et c'est quelquefois une amie. On parle de clientes huppées volontiers condescendantes. N'a-t-on pas vu la grande dame afficher sa sympathie pour l'auxiliaire du magasin où elle fréquente aujourd'hui, insoucieuse des distances, fascinée comme la plus médiocre des bourgeoises?

C'était à propos d'une mesure barbare. Les grands magasins obligeaient leurs employées à rester debout, qu'elles eussent affaire ou non. Elles ne pouvaient ni s'accouder, ni s'adosser, ni s'asseoir. Cette obligation répondait au caractère de fièvre et d'activité qui entre dans la fascination que le grand magasin exerce. Si chacun des ressorts de cette machine colossale ne s'agitait, entraînerait-elle dans son tourbillon les désirs hésitants et porterait-elle à son extrême intensité la frivolité du besoin? La règle absolue était le mouvement pour tous les organes appelés à fonctionner sans trêve. Mais la chair n'est point l'acier; elle a ses défaillances et ses lassitudes. La tyrannie du règlement arrachait des cris de douleur à de pauvres jeunes femmes. Les grandes dames les entendirent. A l'imitation du vigneron de la Chavonnière, elles rédigèrent une pétition pour les demoiselles que l'on empêchait de s'asseoir. Leur pitié était éloquente et émue. « Cette obligation, disaient-elles, entraîne une fatigue qui épuise les forces des plus vaillantes et porte à la santé un préjudice qui peut être mortel. Nous souffrons de penser que tant de femmes et de jeunes filles sont astreintes à un règlement aussi pénible. Nous demandons qu'on fasse cesser une coutume qui a quelque chose d'inhumain. Les femmes de cœur vous en remercieront et particulièrement les soussignées. » Et les soussignées étaient la duchesse de Larochefoucauld, la duchesse de Mouchy, la comtesse de Pourtalès, la duchesse de Luynes, la duchesse de Trévise, la marquise de Castellane, la vicomtesse Aguado.... Toutes ces belles dames de l'armorial de France suppliaient ces beaux messieurs du Bottin. Elles eurent gain de cause. Les demoiselles de magasin leur durent un siège. Cette pétition n'était-elle pas l'un des plus touchants exemples qu'ait offerts encore au siècle de la démocratie la solidarité féminine?

Depuis lors les jeunes filles ont loisir de se reposer quand les exigences du service le leur permettent et que la fatigue les y presse. L'aspect des rayons n'a rien perdu de son prestige à cet adoucissement : les vendeuses moins lasses montrent un visage plus souriant et une patience plus longanime. Les mêmes pétitionnaires supplièrent à nouveau qu'on accordât à leurs protégées la liberté du dimanche : « Ce jour-là, leur fut-il demandé, vos domestiques, mesdames, se reposent-ils ? »

Ces attentions des clientes aristocratiques pour les filles du peuple, servantes du comptoir, ne surprit que ceux qui n'observent rien. Les femmes de qualité ont toujours prisé, entre tant de prérogatives attachées à leur condition, celle de se montrer secourables. Puis ces vendeuses ne sont pas que des auxiliaires quelconques. Elles n'ont pas que mission de déployer des étoffes et de les reployer, de faire des paquets, de dire des prix. Le magasin est un salon où l'on papote. Vite familière, on tient conversation avec la demoiselle du comptoir. On lui demande des avis, on la consulte : « Est-ce que ça se porte beaucoup ? Que fera-t-on de nouveau cette saison ? » C'est une vivante gazette de la mode. Le comptoir — un abîme — sépare la vendeuse de la mondaine, cependant en la fièvre de l'achat, l'étoffe dépliée par celle-ci : « Voyez donc, madame, » manipulée par celle-là, est un trait d'union. Elle rapproche. Des relations s'établissent sur ce terrain particulier qui ont un tour d'affection, presque d'intimité.

La perspective d'un contact journalier avec les élégances de tous les mondes, dans le temple où l'on révère le dieu Chiffon, décide plus de vocations qu'il n'y a d'emplois. Robineau renseigne Denise, dans le *Bonheur des dames*. « Je sais, dit-il, que l'on a besoin chez nous de quelqu'un au rayon des confections. » A la vérité on n'a jamais besoin de quelqu'un au *Bonheur des dames*; ce sont là de ces emplois dont Talleyrand disait : « Sachez qu'il n'y a pas de places vacantes, il n'y a que des places déjà données. » Pour une vacance, que de postulantes! Ce sont des jeunes personnes qui ont fait un stage dans les petites maisons. Elles sont jeunes, d'agréable physique, de bonne santé et vertueuses. Admises, elles entrent au pair, puis sont titularisées. Elles ont un fixe et la guelte, ce qui revient à un gain honorable. Elles sont nourries et ne pâtissent point; et elles sont couchées si elles ont moins de vingt ans. La discipline pour les internes est un peu celle du cloître, mais d'un cloître dont la règle est très large. A la disposition des recluses on met un salon où le soir et le dimanche elles se réunissent. Elles y donnent des fêtes, chantent, y font de la musique, mais entre elles. Point de messieurs : la mesure est inflexible.

Des vocations se sont dessinées là. Il y avait autrefois une grande fille qui avait une extraordinaire désinvolture. Elle était vendeuse dans un magasin de nouveautés. Le grand art l'attirait. Elle cachait sous son comptoir tout un lot de tragédies fatiguées d'avoir été feuilletées. Elle ambitionnait la fortune de Rachel. On ne sait pas ce qui la retenait d'envoyer promener les clientes insupportables avec les imprécations de Camille. La vie, qui a ses exigences, lui imposait de débiter, en guise d'alexandrins, l'article de Paris. Éclectique en ses goûts littéraires, elle panachait son admiration pour *les Horaces* et *Cinna* en répétant, dans le sentiment de Thérésa : « *C'est dans le nez qu'ça me chatouille* », ce qui chatouillait aussi sa verve. Elle chanta, par nécessité infidèle au vers héroïque qui n'a qu'un auditoire restreint. Elle chanta la chansonnette, au magasin, chez elle, sur les petites scènes, sur les grandes scènes. Elle devint célèbre. Les directeurs se la disputèrent. Elle courut le monde et les deux Amériques. Elle en rapporta des sacs et des couronnes d'or. Elle compta un jour sa recette. Elle avait économisé un million. Et elle était toujours la grande, l'incomparable, l'unique Yvette. Dans la nouveauté beaucoup de demoiselles de magasin ont tenté depuis la même aventure et n'ont point réussi. Mais peut-être n'étaient-elles pas sorties du rayon des gants noirs.

Qu'est-ce que le million de la chanteuse auprès des millions de Denise que Mouret remarqua et éleva à la dignité de patronne? Ces choses-là ne se voient pas que dans les romans. M. Émile Zola les a vues dans la vie. L'histoire de la nouveauté fournit quelques traits de cette qualité. Il est prudent de ne les considérer toutefois que comme des exceptions. L'ambition est sage qui ne se hausse chez la demoiselle de magasin qu'à désirer la main du premier commis. Déjà elle court le risque du vertige quand elle lève les yeux sur un chef de rayon. C'est l'omnipotent dans son domaine, le seigneur qui en a les droits et parfois en use; haut et bas justicier prononçant sans appel. Il est craint et n'a point la faiblesse de vouloir être aimé. Son mariage se négocie comme une alliance princière. Sans les calculs d'une profonde diplomatie, saurait-on s'il est convenable que la Parfumerie entre dans le concert des Tissus? Les fabriques de Saint-Étienne et de Lyon et la place de Paris suivent avec anxiété l'union d'une première aux foulards. L'amour est une grave affaire dans la partie, à moins que l'on soit dénué de l'orgueil de parvenir. C'était le cas de ces trois demoiselles de magasin de la chanson, ces trois bonnes filles aimant à rire. Elles avaient chacune un petit cousin, car, dit le poète : « Si l'on est demoiselle, il faut bien un petit cousin pour vous conduire. »

Ce ne sont pas des personnes sérieuses. Elles n'épouseront pas des chefs de rayon, mais seront peut-être remarquées des amateurs assidus, qui leur sauront trouver, en dehors du magasin, des positions avantageuses, nourries — et couchées.

Il se traite quelques affaires dans ces conditions pendant la trêve des confiseurs. Le jour de l'an naissent à la lumière des boutiques des vendeuses ravissantes qui se confondent avec les papillotes et les marrons glacés. Apparues un peu avant la Noël, elles s'évanouissent dès l'Épiphanie. Leur règne brillant et délicieux participe des fondants. Ce sont les éphémères du comptoir. Elles ont des étrennes à vendre. Des vieux messieurs, qui se ruinent auprès d'elles en superflus achats, semblent même convaincus qu'elles en ont aussi à donner.

Le Mannequin

Le Mannequin

La mode comme la peinture a son modèle. Le modèle de la mode s'appelle le mannequin.

Le couturier, comme le peintre, travaille d'après nature. La robe de prix est une œuvre d'art pour laquelle une femme, étrangère à qui la portera, a posé. Elle a posé les bras, les hanches, le buste ou l'ensemble. Automatique et complaisante, sous le costume qu'on lui mit, elle marcha, tourna, s'inclina, fit les gestes conventionnels de la dame.

On donne aux petites filles des boites de découpage. C'est une série de costumes en papier qui permettent d'improviser des femmes du monde et des paysannes, des danseuses et des harengères. La tête ni le corps ne changent. C'est toujours la même figurine qui recevra ces divers ajustements, riche en toilettes autant qu'une demi-mondaine aux eaux. Elle est le mannequin des magasins de mode pour poupées.

En chair, passive et belle d'une beauté neutre, noble d'allure et sachant marcher avec distinction, le mannequin du grand couturier ne fait pas autre chose : on l'habille et on le déshabille pour le déshabiller et le rhabiller encore, sans cesse. C'est sa fonction. On disait de Mimi Pinson qu'elle n'avait qu'une robe au monde : le mannequin a toutes les robes du monde et même du grand monde, mais sur les coquettes changeantes et fantasques à qui elles sont destinées, il a cette supériorité, — si le grand chic est de porter peu les mêmes robes, — de les porter encore moins longtemps.

Le mannequin — que plus poliment on pourrait appeler l'essayeuse — arrive au magasin à la même heure que les ouvrières. C'est une grande jeune fille élancée, d'une irréprochable anatomie, — du moins selon le canon de la mode, si éloigné de la beauté vraie. La Vénus de Milo ne pourrait être mannequin ; sa taille qui n'a point connu la gymnastique torturante du corset serait réputée massive. La personne préposée à cette fonction est mince à pouvoir, si elle perdait sa ceinture, la remplacer par son bracelet. Son visage est gracieux, de cette grâce chiffonnée si essentiellement parisienne, qui ne boude sur aucune toilette et qui ait dire de la femme jouissant d'un aussi heureux privilège : « Tout lui va ». Plus justement, elle va à tout.

Celle qui tout le jour sera parée des étoffes les plus somptueuses — perle fausse dans l'écrin des perles vraies — n'arrive à la maison qu'en les médiocres atours des filles d'humble condition. Une petite robe de lainage qui n'est pas de la bonne faiseuse, c'est tout son costume. Mais la grâce, le galbe — le chien — est moins dans la richesse des ajustements que dans l'art de les porter. Elle vit de cette démonstration et n'attend pas d'être au salon d'essayage pour la faire. Dans la rue, en sa parure banale, elle a une distinction, qui n'échappe pas, surtout aux femmes, et c'est à ses yeux l'important. Le suffrage que la coquette sollicite n'est point le nôtre. C'est pour les femmes que la femme se fait belle. Elle n'attend que de ses rivales en toilettes le verdict, celui que ne fausse aucun sentiment étranger à la mode.

L'homme se satisfait pour bien des raisons dans lesquelles la couturière n'entre pas. Complimente-t-il sur la coiffure sans voir le visage? Il ne s'extasie jamais sur la robe sans penser quelque peu à ce qui se cache dessous. C'est pour adultérer son jugement. Avant de savoir si une femme est bien habillée, il sait déjà qu'elle est jolie; la femme ne sait que la femme est jolie qu'après s'être enquise de la façon dont elle est habillée. En public, elle n'a de préoccupation que de regarder les toilettes des autres, s'essayant à deviner ce que les autres pensent de la sienne. C'est un tournoi ininterrompu où les adversaires, sans avoir à engager l'action, se mesurent déjà du regard. Le mâle ne peut qu'être flatté puisque du tournoi il est le prix. Mais qu'il s'abuse s'il se met en trop de frais ! Il n'a que l'attention restée disponible et une fois fini l'inventaire de toutes les femmes présentes. C'est un regard à la dérobée et qui s'adresse moins à lui qu'à l'opinion qu'il peut avoir de la personne qui le regarde. « Suis-je au goût de ce monsieur qui paraît distingué et dont très probablement la maîtresse s'habille bien? » Ce n'est pas toujours ainsi que nous traduisons l'attention dont nous sommes l'objet, car nous avons la vanité banale. La méprise, au reste, n'est pas sans excuse. Quelle aventure d'amour n'a commencé par un regard !

La pauvreté de la robe du mannequin s'affiche criarde, comparée au luxe qui, chez le couturier, l'environne. Il lui faut quitter ce harnais de détresse et revêtir le fourreau de satin noir qui sera désormais sa livrée, — vêtement lâche qui n'est qu'un voile jeté sur un déshabillé complaisant et à toute épreuve.

Dans la matinée les visites des clientes sont rares. Ce sont de belles paresseuses qui ne sortent tôt du lit que si quelque affaire les presse, ou si la fraîcheur matinale du bois est un exercice que leur hygiène s'impose. Encore au retour de ces chevauchées ne vont-elles guère chez le couturier : qu'y feraient-elles avec leurs dessous d'amazone? Leur visite est réservée à l'après-midi : five o'clock du chiffon. Le mannequin en les attendant ne reste pas inoccupé. Il dispose dans le salon les garnitures et les tissus, il les étale sur les meubles, mannequins aussi pour ce qu'ils sont destinés à en faire valoir la richesse et la nouveauté.

Ces jeunes filles sont parfois plus complètement mannequin encore : mannequin de l'atelier pour l'essayage et l'apprêt. Un costume est comme un poème : vingt fois sur le métier il faut remettre l'ouvrage. Telle robe est plus portée avant d'être finie qu'après être livrée. La cliente, si docile qu'elle soit à l'appel du couturier, ne saurait accourir assez souvent. Un mannequin la supplée qui sera mis en forme, bourré, étoupé, développé aux endroits dodus, la taille agrandie à la circonférence exacte et les hanches proportionnées à l'original.

L'exportation impose ce moule vivant. Comment expédier à Yokohama et à Chicago des robes toutes faites sans les essayer sur un corps d'emprunt? Une grande maison ne s'en tient pas à un exemplaire unique. Elle en a pour toute la clientèle. Une riche étrangère chez son couturier a son mannequin comme chez un cordonnier sa forme. Maintenant le mannequin suit quelquefois le colis, il est rare qu'il revienne. L'essayage lui a réussi.

La maison a créé des modèles dont le cachet ne s'apprécie bien que si on les voit portés et dans l'activité de la vie. « Allons, mannequin ! » Et le mannequin se revêt, docile, de la toilette artistiquement combinée qui fera sensation dans les soirées, cet hiver. Devant l'extase de la cliente ou sa moue, elle passe, repasse, se tourne, s'incline, s'assied, se lève. « Encore un peu, voyons, marchez. » Elle s'imagine, pour l'exactitude de son rôle, qu'elle est bien la dame de cette toilette d'un suprême cachet, qu'elle est dans un salon mondain, à quelque retentissante première, grande dame, grande actrice, grande cocotte ; qu'on l'admire et qu'on la fête. Elle entend le concert des adulations, respire l'encens des hommages, fait la roue, — paon à la queue d'emprunt, — passe, repasse, droite et impérieuse, souriante et satisfaite — et ivre de ne pourtant boire qu'en imagination le vin chimérique de son rôle.

La cliente s'en va, le rêve s'évanouit, la robe tombe. Et le mannequin, dans sa demi-nudité, juponné de modeste nansouk, rentre en le fourreau de satin noir d'où il ressortira au premier geste pour recommencer son personnage de grande élégante à trois francs par jour.

L'imitation a ses dangers. La belle fille qui vit de porter des toilettes pour le plaisir des autres gagne l'ambition de les porter pour son propre plaisir. Si elle n'a ni l'éducation de quelques clientes ni leur célébrité, ni leur naissance, elle a ce qu'ont à peine quelques autres et ce qui tient lieu du reste : un visage agréable, un corps parfait et l'absence de scrupules qui retiennent d'en tirer profit. Les confidences de l'essayage lui apprennent comment les toilettes se paient et par quels artifices une femme qui n'est point sotte se les peut faire payer.

C'est d'un mauvais exemple pour une vertu d'un équilibre instable. Elle s'avise qu'elle est bien niaise en son costume de lainage qui manque de chic, elle en rougit. Et comme l'honneur est une affaire de convention, elle met le sien à être décidément mieux ajustée. « Puis-je aller ainsi fagotée? » On ne se pose jamais cette question, si peu qu'on ait quelque beauté et autant de jeunesse, sans qu'un courtisan n'accoure pour s'écrier : « Mademoiselle, ce n'est pas mon avis, et je voudrais pour tout au monde vous voir quitter cette robe. » Cette proposition, jusqu'à un certain point, ne manque pas de sincérité. Un mannequin à ces discours a l'oreille tendue. C'est ainsi que d'ordinaire la jolie essayeuse quitte sa maison emportant sur son dos une toilette que cette fois elle gardera.

Elle ne se croira plus désormais mannequin et elle ne l'aura jamais été davantage. Quelle élégante ne l'est plus ou moins! Dans la vie parisienne, que fait la coquette à son insu, sinon admirer les créations de la mode? Elle passe dans la foule prosternée sur son sillage, ambitieuse d'entendre louer son costume autant que son esprit, sa toilette autant que son cœur. Elle met sa vanité à faire valoir jusqu'à la marque de fabrique, pour ce qu'elle est chère et bien notée; si on paraît l'ignorer, elle proclame de bouche le nom de la bonne faiseuse. Prospectus de la mode par snobisme, elle accuse le chic d'une toilette dont elle dit la confection et jusqu'au prix. Où qu'elle soit, où qu'elle aille, jusque devant l'amant, glorieuse d'être bien mise, elle affiche le chic de la maison qui a l'honneur de l'habiller. La plus puritaine tombe dans ce travers. Est-il grande dame qui ne soit la réclame vivante de son couturier et son très complaisant mannequin?

Le Modèle

Le Modèle

La famille a ses auxiliaires : les laborieuses ouvrières ou servantes, dont l'activité mercenaire bourdonne autour du foyer. La mode et l'art ont leurs auxiliaires aussi : tout un peuple d'aimables comparses, tout une figuration de jolies filles, qui ne sont point ce que la comédie parisienne offre aux yeux de moins séduisant.

Le tour de leur esprit et leur cachet les font s'incarner dans la boutique pimpante, au comptoir dont leur science de la séduction fait un trône. Sveltes et de démarche noble chez le grand couturier, vivants mannequins, elles prêtent aux ajustements de la grande dame une anatomie parfaite que la robe n'habillera pas toujours. Elles sont les diligents fourriers de la mode, trottins effrontées, petits pages de la confection. Pénétrées d'une mission plus haute, elles gravissent les pentes fleuries du Conservatoire, aux débouchés cythéréens.

Enfin, plus naturellement naïves, — comme la plus belle fille du monde ne peut donner que ce qu'elle a, — elles ont leur corps, elles le donnent, et c'est leur façon d'être aussi les très humbles servantes de l'art. Elles sont le modèle.

Tourmenté précisément du projet de telle composition dont il gardait le mystère, Henry Somm se voyait dans la nécessité de recourir à ce dictionnaire du nu. Ce n'était pas que le site féminin fût chose aussi ignorée de lui que les Antilles ou la mer d'Azof, il en avait plus d'un agréable souvenir, et en le peignant sans se déplacer il eût moins emprunté à son imagination que Méry racontant la guerre du Nizam. Mais, passionné de vérité, c'était la nature sous ses yeux qu'il entendait en devenir l'interprète. Paris est la ville de toutes les ressources, et l'artiste n'a qu'à souhaiter pour que les poseuses, des dodues aux graciles, et des brunes comme l'Érèbe aux rousses comme l'or en fusion, viennent et disent : « Me voici; ai-je l'heur de vous plaire? »

Entre temps, disputant cet honneur aux professionnelles, des dames de qualité, en échange de l'immortalité que le marbre confère, rendent au Canova de leur choix un service qui coûta d'autant moins à Pauline

Borghèse qu'elle était belle et le savait. Nous le savons aussi et voilà pour la récompenser de l'audace de son impudeur. Si curieuses que soient ces nobles personnes de porter à la connaissance des siècles une forme terrestre aux divins contours, il en est peu qui osent chez le Titien ou ses fils renouveler l'hommage de Laura de Dianti. De faciles demoiselles y suppléent, aussi vite dépouillées de leurs voiles que de leurs scrupules. Elles se recrutent sans peine, et pour la vision qu'elles offrent ne montrent qu'une exigence ne dépassant jamais un petit écu. Quelques artistes ont cru devoir y joindre leur cœur : elles le leur demandaient si peu que presque toujours elles le leur ont rendu.

Le modèle est d'une corporation qui a son journal et son syndicat. Le syndicat ne fonctionne guère et le journal fonctionne peu. Il parait cependant vers la rentrée et présente cet agrément qu'il ne ment pas à son titre : *l'Adresse des modèles*. De politique, de littérature ou d'art, point : des noms, des rues et des numéros, offre et demande de chair humaine : on dirait d'un moniteur de marché d'esclaves. Il fait connaître que celle-ci possède une jolie tête, une poitrine menue, des jambes et des hanches avenantes d'une fraiche coloration, et qu'enfin l'ensemble est naïf et très suivi. Ainsi pour toutes. Rien n'est celé de ce qui importe. On y dit que Colette a un costume de Jeanne d'Arc et Clémence une robe de communiante. Est-ce la sienne? Mlle Blanche de Nevers pose en bicycliste et Carmencita en Espagnole. Plus vraiment fille d'Ève une autre veut qu'on sache qu'ayant un costume d'une primitive beauté elle est assez vêtue du long manteau de ses cheveux noirs. Cette feuille est superflue. Le véritable journal d'adresses est chez l'artiste, à la muraille, tracé à la craie, dressé au hasard des offres. « Tu poses? C'est bien, j'y penserai. — Voulez-vous voir? — Je suis pressé, tu repasseras. » L'invitation à regarder est d'autant plus insistante que le modèle de visage médiocre n'a de perfection que sous le mystère des voiles.

A la femme qui, sans embarrassante pudeur, fait vendange de ses revenus physiques, deux carrières s'ouvrent : la galanterie si la tête est belle, même à défaut d'un corps irréprochable; la pose chez l'artiste si la tête trahit les perfections du reste. Hors certaines dont les visages radieux appellent à l'œuvre les pinceaux, la plupart sont les ratées du Beau classique dont le Beau ne commence que trop bas — après le cou. Seul l'artiste le soupçonne d'un premier regard et chez la plus laide devine dans une figure la construction de l'ensemble. En la grâce insuffisante des traits il démêle l'équilibre du corps et même, n'ayant vu que le nez, témoigne que la jambe est jolie.

Somm le savait qui par précaution avait dessiné à la muraille les hiéroglyphes qu'il déchiffrerait le jour où lui viendrait le besoin d'un modèle. Mentions brèves qu'il épèle, invites au souvenir. « Renée, avenue Mac-Mahon, modèle nippé, chemise à pois violets, corset rose. » Elle rentrerait assez dans le canevas de sa broderie. Il lui a écrit : « Venez mardi prochain pour une séance ». Sans répondre, elle n'est pas venue. A d'autres donc; il en est de plus dociles.

Combien sont-elles? Cinq cents, peut-être mille, qui posent. Celles-ci, filles d'Italie, massives autant qu'impeccables, exactes autant qu'insipides, belles sans flamme et parfaites sans accent. Celles-là, fruits tombés de l'espalier parisien, charmantes et imprévues, d'une joliesse souple, d'un galbe nerveux et d'une grâce de lignes qui compense les négligences de leur harmonie. Changeantes autant qu'impressionnables, elles ne sont jamais d'un jour à l'autre la même femme. L'Italienne est un marbre que le temps désagrège dans sa lenteur progressive. La Parisienne est une fille de la chair qui jouit ou souffre et dans sa forme trahit sans cesse la lutte de ses intimes passions. L'art moderne vers elle va d'instinct pour ce qu'elle lui apporte mieux qu'un rappel du nu : l'état d'une âme. A l'égal d'une félonie Henry Somm eût considéré le fait de convoquer pour lui servir de point de repère la Transtévérine ou la Lombarde; il entendait ne devoir l'authenticité du croquis qu'à la seule Parisienne de Montmartre ou des environs. Tout se sait : on sut donc qu'il fallait des modèles à

Somm, et les modèles d'accourir. Au vrai surprises, car il est dans ses habitudes de saisir la femme au vol, dans la vie, en pleine rue, quand elle passe. Devant lui ont posé sans le savoir, se peignant elles-mêmes, les héroïnes ici imagées et combien d'autres qui serviront à l'illustration féminine de notre temps! Mais le nu comporte le huis-clos de l'atelier. Elles sont venues en audience privée comme il seyait, et les voici croquis de page d'album d'après nature, avec leurs mots non inventés mais recueillis.

Un début. — Joséphine, vingt-deux ans, campagnarde avare et délurée, petite, brune, cruelle et froide, l'œil vif, le front volontaire, prête à tout pour le gain, chapitrée par une payse qui pose et lui vante les merveilles d'un état où l'on gagne cent sous la demi-journée à ne rien faire. Cette amie qui l'amène — une amie mal construite qui n'a de beau que la gorge l'exalte et l'encourage : « Ces messieurs ne te mangeront pas. Ote tout ça. — Mon corset aussi? — Tout. » Un soupçon de rouge lui monte aux joues et décèle un visible embarras. Sa naïveté souffre? Non. C'est son amour-propre qui se souvient que sa chemise n'est pas très fraîche et que son bas a un trou. La main tâtonne, s'embrouille, s'agace : c'est le trouble inévitable d'un premier début. La bravoure croît à mesure que décroît le linge. Un temps d'arrêt à la glissade de la chemise.

Elle cherche un mot qui marque la débâcle de sa pudeur : « J'ai froid ». Puis gentiment, d'un mouvement de tête tournée : « Vlan! ça y est ». Et pour se donner une contenance — qui la vêtira un peu — elle sourit.

L'HABITUÉE. — Pose et galanterie. Dans l'atelier, elle aime la joie, le sans-façon, les cigarettes qu'on fume, les discours qu'on tient. Elle a son opinion faite. « Les artistes, c'est des bons types. » L'absence de méthode lui fait perdre le bénéfice de son labeur, il lui faut ajouter à ses revenus la libéralité des honnêtes garçons, qui lui rendent moins douloureux ce qu'elle nomme : « la venue des termes! » Elle écrase, essoufflée, le divan : « C'que j'ai couru! » Ses cheveux en broussaille, un seul bouton attaché aux bottines, son tour de cou dans sa poche, le corsage bâillant sous le long manteau qui cache un beau désordre. On le remarque. « C'est un effet de l'art? — Non, m'sieu, c'est un effet de nuit. » Elle pose à ses côtés un paquet qui embarrasse ses mains : son corset dans un journal. C'est déjà une confidence. Elle la complète. « Je vois bien ce que vous pensez. Je vais tout vous dire. Je ne le connaissais pas. Il m'aborde : fallait-il qu'il en ait, une santé! Il me dit où qui demeure, juste à côté de chez vous. Alors je marche : Bon, que je lui dis. J'ai affaire demain matin dans ce quartier-là. » Et voilà à quoi tient l'amour.

Le modèle somptueux. — Pose comme par grâce, figure dans des œuvres classiques, en tire vanité. Insupportable et vaine, affecte un mépris de toutes choses par geste, joue la courte pantomime du dédain, se frotte la plante des pieds pour dire que l'atelier n'est pas balayé souvent, frissonne pour protester contre le poêle qui ne ronfle pas, écarte de la main les volutes d'une fumée de pipe qui incommode ses bronches délicates. Elle est présente — et à cent lieues. Hors quand elle grognonne, elle demeure silencieuse. A quoi pense-t-elle? Mais pense-t-elle?

La jacasse. — Elle ne parle tant que parce qu'elle dit sans peine ce qui ne lui coûte rien à penser. Elle a un répertoire d'atelier : son bagout est professionnel. Elle cause peinture à peu près aussi congrûment qu'un critique d'art. Elle a tout posé et partout, chez Bonnat, chez Falguière, chez Lefèvre, chez Bouguereau. Elle refuse des séances, surtout l'été, car un ami l'emmène à la campagne; elle pose alors « dans les paysages », nymphe de Marlotte. Elle est intéressée à savoir ce qu'on fait d'après elle, convaincue qu'elle collabore. Le jour du vernissage, elle prendra sa part des hommages qui seront adressés au maître. Dans les repos, elle juge l'ébauche, cligne des yeux, mesure du pouce à distance, donne son avis : « Ah, ça y est! » Ou : « Tiens, mais j'ai déjà posé ça. — Merci, dis que je copie. »

Le modèle sans-gêne. — Le modèle sans-gêne a un chien et un tic très nerveux. Elle s'endort quand on la fixe. C'est fort désagréable. On lui dit : « Regarde dans cette direction, vers ce point brillant. » La voilà en catalepsie. Rodin l'apprécie beaucoup. Il lui donne des poses de damnées pour sa « Porte de l'Enfer » et lui dit : « Ne bouge plus ». Son chien, c'est tout ce qui lui reste d'un homme qu'elle a beaucoup aimé, un interne qui l'adora d'une passion contractée à son chevet. Il n'en est pas mort, mais il en a été malade longtemps. Guéri, il lui a laissé pour souvenir son chien. Kiss n'est pas encombrant, il dort comme sa maîtresse. « Voulez-vous que j'endorme mon chien? Kiss! Kiss! » Kiss la regarde avec des yeux troublés, vagues et fous, ferme les paupières et tombe dans un coma apprécié : pendant son sommeil le tapis ne craint point les risques d'une inondation, car il n'est animal plus incontinent. « Quel succès ton Kiss aurait eu chez Girodet quand il peignait *le Déluge* ! »

La sentimentale. — Elle pose à regret depuis dix ans. Au vrai sa beauté s'en va et ses amis le lui disent. « Je fais d'après toi ce que tu me rappelles. On ne te copie plus, on t'évoque. — Chacun sa façon de vieillir, mon cher : moi c'est en perdant mes seins, toi c'est en gagnant l'Institut. » Elle s'en fiche, elle va se marier. Elle hésite entre un garçon épicier et un attaché d'ambassade. Et dire que ce sera peut-être tout simplement un pauvre sculpteur qui l'épousera par économie!

Somm aussi est perplexe : laquelle choisir? Nulle ne convient à son projet. On sonne. C'est un petit bleu timbré du quartier de l'Arc de Triomphe. Il est du modèle nippé qui a des chemises à pois violets et des corsets roses. Renée s'excuse sur bristol anglais parfumé violemment : « Mille regrets, cher monsieur, mais je ne pose jamais le mardi ; c'est mon jour. »

Somm sourit : « Ne serait-ce point plutôt le seul jour, dit-il, où celle-là pose vraiment! »

L'Élève du Conservatoire

L'Élève du Conservatoire

Il n'y a pas une élève du Conservatoire, mais des élèves. Chaque genre a son type et chaque type son genre. La pianiste est aussi loin de la tragédienne que le cornet à piston du ténor. Mais qu'elle soit de chez M. Pugno ou de chez M. Sylvain, l'élève du Conservatoire — M. Ludovic Halévy en fasse son deuil! — n'est plus mademoiselle Cardinal; le Conservatoire n'est plus le Conciergeatoire. Il se recrute dans la meilleure société. Hors des instrumentistes toutefois, plus particulièrement enfants de la balle, les demoiselles qui songent à compter dans la voie lactée, étoiles ou nébuleuses, sont de bonne, sinon de haute naissance. Le niveau des conditions pour les sujets de la pépinière de la rue Sainte-Cécile croît à mesure que le préjugé contre le comédien décroît, mais sans entraîner dans cette ascension le niveau du talent.

Il devient bienséant de se compter parmi des gens qui courent la chance des rentes et des distinctions flatteuses. Les classes n'en sont que plus rigoureusement assiégées aux examens. On ne vit jamais plus d'appelées pour moins d'élues. La recommandation s'essaye à corrompre par toutes les voies la prudence de l'aréopage. Peut-il être insensible à la requête de l'artiste parvenu qui pousse sa dynastie, du maître qui rêve une situation pour ses bâtards, du critique influent qui jure avoir pressenti, ou même allumé la flamme chez la vestale qu'il protège? Qui pâtit de l'affluence des aspirantes usant de leurs droits de préemption, si ce n'est cette pauvre « Madame ma chère », qui, jadis, comme une oie, au pré, conduisait sa progéniture à la rampe?

L'aristocratie se vante de découvrir chez ses filles d'irrésistibles vocations. Les légendes sur la corruption des coulisses n'arrêtent point des mères décidées à doter la scène d'une Mars ou d'une Reichenberg, car il ne saurait être question que du Théâtre-Français. On sauvegarde son amour-propre en le bien spécifiant. Une fille de condition qui a ses brevets et des aïeux ne saurait sur les planches souffrir certain contact. Au rebours de celles qui se font un blason en montant sur la scène, en montant sur la scène elles cachent leur blason, mais n'abdiquent point, en principe, les principes d'une rigoureuse vertu. « Ma fille, monsieur le directeur, obéit à une volonté que mes larmes n'ont pu fléchir. Du moins ai-je la consolation de penser qu'elle ne se destine qu'à l'art sérieux. Elle fera ses études pour sortir lauréate du Conservatoire et entrer à la Comédie. La maison de Molière est de bonne compagnie et ce n'est point aspirer à descendre que de tendre à l'honneur d'y briller. »

Ce discours a sa noblesse. Il ne dit pas tout. Il ne dit pas que si l'on s'est refusé à combattre un penchant pour une profession jadis si réprouvée, c'est que les grandes familles traversent une crise et que tout est bon qui donne une dot aux filles — fût-ce la mise en valeur de leur talent. C'est le raisonnement que font les officiers supérieurs et les hauts fonctionnaires dont les préjugés contre le théâtre ont fondu au soleil de la nécessité.

Mais si nécessité est mère d'industrie, elle ne l'est point de la vocation. Les vraies s'allumaient autrefois dans le peuple, chez les spectatrices enthousiastes des petits théâtres. Habituées des poulaillers, c'était de là, les yeux ardents, la fièvre aux tempes et le cou tendu, que la future comédienne, aux mouvements tumultueux de l'âme qui ne trompent pas, sentait croître, germer, grandir et l'emporter l'irrésistible élan. C'est aujourd'hui derrière le paravent du salon et sur la scène du pensionnat que l'actrice future se proclame. Une intonation par hasard heureuse, un jeu de physionomie juste, au petit bonheur, et la complaisance des bravos dans ce peu discerne Rachel ou Brohan, — Rachel qui fit bien d'arriver au temps où une bohémienne des rues pouvait encore percer.

Les juges sont aussi sévères, s'ils ne le sont davantage, mais s'empêchent-ils d'être débordés par le flot montant des dangereuses ambitions? Quelles femmes — toutes étant nées comédiennes — ne peuvent prétendre avoir, comme le soldat le maréchalat dans sa giberne, leur premier prix dans leur manchon? Si peu qu'elles aient grandi dans le monde, façonnées aux usages, instruites à paraître, dirigées vers l'élégance, elles savent marcher, entrer, s'asseoir; elles savent parler et sourire; elles donnent la meilleure opinion des grandes coquettes qu'elles joueront, quoi qu'il advienne, s'étant dès l'enfance préparées à cet emploi. Contre des adversaires si riches en atouts, que peuvent oser de pauvres jeunes filles sans linge et sans usage? Rien, sinon leur disputer le ballet, dont le cruel apprentissage, tôt commencé, éloigne les demoiselles aux enfances douillettes.

Le tri des vocations! Quelle comédie déjà! On la donne à huis clos, dans une salle peu connue des profanes, sur les planches grossières d'une scène inénarrable, sans coulisse qu'un rideau vert. C'est là-dessus que défilent des Dorines effrontées aux nattes dans le dos, des incestueuses Phèdres à peine pubères, des Juliettes pour qui l'alouette n'a pas encore chanté. Tous ces appétits de gloire se ruent à l'assaut de ce guignol, épargné à peine à quelques illustres comme Frédérick Lemaître ou Marie Laurent.

Un des membres de ce tribunal a traduit l'impression de ces séances prolongées à la lueur des bougies, devant une rampe éclairée comme un tréteau de foire. Une rumeur sourde monte du dehors où se bousculent les rivaux et leurs proches, « petits pieds qui frappent, petits cœurs qui battent, petites mains qui s'impatientent ». Les décisions rendues sont souveraines et brèves. Que d'exécutions! que de victimes! Mais les victimes sont-ce bien celles qui restent, navrées de leur échec, ou les appelées qui ne connaîtront les revers qu'après l'espérance de la fortune? Le jury, les opérations terminées, se retire. Il lui faut traverser cette foule que l'attente énerva, se creuser un sillage parmi ces curiosités avides, dévisagé par ces prunelles fiévreuses. Interrogeant d'un accent que l'angoisse sèche et fait rauque, elles implorent de connaître leur sort. Les doigts s'agrippent aux vêtements. « Monsieur, ma sœur est-elle reçue? Et moi, monsieur? » Le juge se débat, jette des mots évasifs, s'échappe, s'enfuit. « Tiens, elles ont déchiré mon habit, les petites mains des fillettes! » Et il ajoute, les connaissant bien :

« C'est le début; quelques années encore et elles déchireront les cœurs ».

Vers la tragédie et la comédie on peut aller en tâtonnant; on marche vers l'art instrumental et le chant d'un pas délibéré. La voix est un accident. On n'est pas soprano parce qu'on est de bonne famille. Cela peut arriver à une cuisinière ou à une servante d'auberge. Marguerite a lavé la vaisselle avant d'aimer Faust, et Orphée, avant de pleurer Eurydice, a pu servir des fritures dans un cabaret, à Meudon. C'est la vocation indéniable, l'instrument le prouve. On a la corde vocale ou on ne l'a pas. Le Conservatoire le constate et y joint quelques ficelles sous couleur d'éducation artistique. On n'est plus une fillette, déjà on sait ce que l'on veut et où l'on va. La maman peut se dispenser de jouer les gardes du corps. Cette position est contraire à une méthode d'enseignement qui doit porter ses fruits. Le professeur l'en avertit avec charité, tenant d'ordinaire à ne se point borner à n'enseigner que le solfège et le chant, le moyen de parvenir n'allant pas sans études complètes et probantes. D'aucunes regimbent, prétendant borner les limites de leur savoir; ces révoltes indiquent un si déplorable tempérament qu'il est dans l'ordre de s'en désintéresser. Scrupuleux, on aime à pouvoir dire, l'éducation achevée : « Il serait superflu que cette enfant restât davantage; intelligente et douée, elle n'a plus ici rien à apprendre; on lui a tout montré. » Au demeurant, plus qu'on ne le soupçonne, l'enseignement est mutuel. Entre élèves, il est dans la tradition de se réciproquement aider en se donnant la réplique.

L'austérité ne souffre pas d'assaut dans la classe où le piano sévit et où, sous l'archet, pleure l'âme du violon. L'art sous cette forme, sévère et épuisant, astreignant dix heures par jour à la gymnastique des doigts les infortunés qui s'y livrent, ne connaît point les échappées vers la grande scène du deux si propice au duo des lèvres. Puis ce sont là des enfants; on les choisit au biberon, car le succès ne va qu'aux petits prodiges. La belle affaire qu'une demoiselle qui paganinise si elle est en jupe longue! Ce qui est joli, c'est la poupée frisée en robe courte qu'on perche sur le tabouret et qui, n'ayant pas dépassé l'âge des sucres d'orge, a moins besoin d'un accompagnateur que d'une nourrice. Le jury même se laisse gagner par ces virtuosités en bas âge. Si l'on osait, on dirait à ces violonistes, à ces pianistes et à ces harpistes : « Ne grandissez pas; ce qu'on gagne en taille, dans l'esprit des spectateurs se perd en talent ».

Petits être d'exception, la dévotion qui les entoure accuse le particularisme de leur talent. Et leur talent à l'extérieur s'accuse dans la fantaisie de leur toilette. L'art se doit révéler aux profanes dès la coupe des cheveux. Est-on quelqu'un sans l'originalité des façons? C'était autrefois l'avis de ces messieurs et demoiselles de la Comédie : ils en ont un autre. Ils sont gens du monde, de la bottine au chapeau corrects et réguliers; et, sauf quelques excentricités rares, ils laissent aux seuls prodiges le monopole des toilettes dont le symbolisme à l'Œuvre est si fort goûté, les soirs d'Ibsen.

On s'est aperçu que le costume n'est pas indifférent aux examens publics. Phryné devant l'aréopage gagna sa cause comme on sait; les concurrentes ont bien autre chose à montrer, ne serait-ce que leur savoir. Elles soupçonnent pourtant qu'un bras nu laissé voir à propos n'a jamais indisposé un jury masculin. Les juges qui redoutent cette séduction étrangère à l'art chantent l'ode à sainte mousseline, close du poignet au col et sans bijoux. Mais il y a mousseline et mousseline, celle à quatre sous et celle des Indes; celle que chiffonne la grande faiseuse ou qu'apprêta, au logis, la mère au budget exigu. L'égalité : un mot.

Laissez faire aux dieux. Avec du talent on arrivera. On en aura de la mousseline des Indes et des bijoux! — surtout si l'on a déjà des épaules pour les porter. On aura des robes, on aura des diamants, on aura des voitures. Oui, mon prince. Le tout n'est-ce pas de conquérir le parchemin glorieux? Elle dira, torturée d'angoisse, sa scène, ou jouera son morceau devant un public indulgent et passionné, et devant un jury débonnaire et sceptique. Elle fera merveille. L'huissier, tout à l'heure, l'appellera. Elle reviendra sur la scène, à demi défaillante ; elle entendra M. Paul Dubois lui dire : « Mademoiselle, le jury vous accorde un premier prix ! » C'est la fortune, n'est-ce pas ? C'est la gloire. C'est l'engagement sur les grandes scènes, le nom en vedette sur les affiches, le nom qu'elle s'est choisi et qui sonne maintenant à son cœur avec un bruit de fête. Elle a la couronne, elle a le prix. Elle est consacrée : place !

Combien de temps durera cette illusion ? Quand apprendra-t-elle que son brevet est le bon billet qu'a La Châtre ? A la première attente dans les antichambres. Les portes qu'elle croyait ouvertes sont fermées, les emplois sont pris. Elle pensait en avoir terminé de sa lutte, elle commence. C'est la dégringolade de ses espoirs, la descente par degrés de son rêve enivrant. C'est la leçon au cachet dérisoire, pour les plus besogneuses ; c'est les tâches infimes dans les exploitations éphémères, l'exil en province sur des tréteaux soumis à l'affront des sifflets. Et bienheureuses encore qui y montent, maintenant que les tournées s'en vont par la campagne, en croupe d'un impresario. Si la chance la favorise, elle apprendra dans ce rude métier ce qu'elle ignora au Conservatoire et nous reviendra étoile du fond de la province. Le plus ordinaire, c'est l'échouement dans les chœurs, anonyme et effacée, les exodes dans le chariot de Thespis, cahoté de ville en ville, avec station dans des granges par permission spéciale de M. le maire et des autorités.

Toute cette misère est derrière la toile, dans la coulisse. Le public ne connaît que ce qui est sur la scène, au premier plan, en la belle lumière féerique de la rampe. Il y a les victorieuses et l'on ne parle en somme que d'elles. On en parle même infiniment. Rien de ce qui les touche n'est indifférent au badaud. Il ne se lasse point de regarder leurs images et demande qu'on viole les consignes au seuil de leur intimité, curieux du moindre de leurs gestes, amusé du plus banal de leurs propos.

Il n'y a que les esprits amers pour faire un rapprochement chagrin entre la décadence des temps et l'importance des mimes.

L'Acteuse

L'Acteuse

Les planches sont, pour l'acteuse, un trottoir plus élevé que l'autre. Elle n'y va point cependant aux fins uniques d'être demandée à une cote supérieure : un irrésistible instinct l'y pousse, peut-être étranger à l'art, mais non tout à fait particulier à la galanterie. C'est une façon de s'évader d'un genre où la facilité de ses mœurs l'a parquée. Elle est ce qu'elle est et ne vise point hypocritement à un brevet de vertu. Elle s'avoue affranchie, libre de tout préjugé, et du don de son corps entend demeurer pleinement maîtresse. Mais elle ambitionne de pouvoir se dire « artiste ».

Elle a la toquade, posant pour la galerie, de se promener avec un rouleau de papier qui sera « son rôle », et de se montrer avec des messieurs inconnus à son entourage, qui seront « ses auteurs ». Quand elle parlera de son art, ce sera avec emphase, pâmée, roucoulante, les yeux blancs. A son art elle sacrifiera tout; c'est-à-dire que nulle complaisance ne lui coûtera. Elle sera bonne aux soireux influents, docile aux directeurs et aux régisseurs. Elle passera où il lui faudra passer, sans nausée ni indignation. Elle ne connaîtra pas la morgue des dédaigneux refus. Hautaine et fantasque dans le train ordinaire de sa vie, sur la scène, à ses débuts, tutoyée et chiffonnée, elle fera la cour au succès. Autant que belle fille bonne fille. Et elle lira le feuilleton du *Temps* tous les dimanches.

Elle n'a pas de talent, ce qui n'est point son avis, mais elle a des gens pour dire qu'elle en a. Elle n'a pas de voix, mais elle a de la gorge. Elle montre une insuffisante connaissance de la scène, mais ses jambes à la scène sont suffisantes et la compensation a son prix. Son bagage ne la mène pas à la maison de Molière, aussi vise-t-elle des huis moins obstinés, — encore qu'elle se berça d'un fol espoir cette nuit où elle soupa dans une compagnie dont était M. Sylvain. On la détourna de ces entreprises hasardeuses et elle se rejeta sur le théâtre de genre et la revue de fin d'année. C'est un débouché pratique : si peu qu'on ait d'adresse — et qu'on veuille la donner, — on trouve emploi de ses avantages. On est dans la revue « l'Allumette chimique » qu'on frotte et qui ne prend pas ou « le Canal de Panama » qu'on n'a jamais pu percer. On chante ça en clignant de l'œil du côté des avant-scènes, l'équivoque soulignée, comme si elle était assez fine pour en avoir besoin. « Et toi, ma petite chatte, » lui demande le compère, « que fais-tu? » L'aimable enfant, vêtue de ses seuls charmes dans un nuage de tulle vert couleur de roseaux : « Moi, lui dit-elle, je suis la dernière des crues ». Le compère, avec une délicatesse charmante, feint d'avoir mal compris. Elle rectifie : « La dernière des crues... de la Seine et je viens de quitter mon lit. » Alors l'homme en habit bleu barbeau à boutons d'or et en pantalon puce, mimant une friponnerie concupiscente, ose pousser jusqu'à la subtilité du madrigal : « Si c'était seulement pour venir dans le mien. » Elle sourit, recule de trois pas sur une ritournelle et reprend sa place dans le défilé des actualités. On n'acquiert pas pour si peu la réputation de Sarah Bernhardt, mais enfin l'on n'est pas tout le monde quand on peut dire : « Je fais la dernière des crues aux Nouveautés ».

Tant qu'elle ne prétend qu'à une exhibition, sûre de plaire le temps d'être regardée, son désir aisément se satisfait. Mais la vanité lui souffle des audaces plus ambitieuses. Retoquée des examens du Conservatoire, elle brûle de se manifester dans des rôles écrasants, ma chère! Envahissante alors, elle cesse d'être drôle. Elle sévit dans les théâtres à côté, paraît dans des exploitations éphémères, figure sur les affiches d'ouverture de spectacles qui n'ouvriront point. Elle dit sa grande scène de concours, que le concours n'utilisa pas, dans les sociétés lyriques d'admiration mutuelle; elle cabotine dans les pince-lyre, et s'insinue dans les programmes de matinées, que précèdent les conférences du Sou des écoles. Elle y est « Mlle X..., des théâtres de Paris ». Son gracieux concours lui vaut un bouquet que lui remet, arrivé à sa porte, le jeune commissaire galant qui s'est préposé à la charge de reconduire mesdames les artistes chez elles — en voitures fermées.

Sa vie se dépense en projets. Elle a toujours un engagement qu'elle signera le lendemain, un engagement superrrbe, avec plusieurs r, — ce qui est tout à fait Comédie-Française. Elle est de toutes les combinaisons théâtrales, vagues, qui flottent de cinq à six dans la buée d'absinthe du boulevard. On lui prépare des rôles dans des pièces dont les auteurs, — qui ne seraient pas autrement nommés, — histoire d'éviter la plus problématique des confusions, préviennent, dans les échos complaisants, M. Victorien Sardou ou M. Meilhac qu'ils font une pièce sur le même sujet que ces messieurs, « dont acte ». Elle n'a pas de genre très déterminé. Elle va de Bartet à Yvette Guilbert, qui l'a entendue et qui a dit : « Ne chante pas, tu me coulerais ». Elle a donné une audition chez Rochard ou chez Samuel et on lui a trouvé les cuisses bien faites. Elle parle des sommités théâtrales comme si elles étaient de vieilles connaissances. Elle les juge et ne se doute pas du tout comme elle est comique quand elle dit de Réjane : « Ce n'est pas mal ce qu'elle fait au deuxième acte, mais moi je le fais autrement ».

Rien de ses allées et venues n'est un secret. Elle vit tout haut, en public, toujours en scène. Elle dialogue où qu'elle soit, de façon à être entendue. C'est pour raconter qu'elle sort de sa répétition ou de chez son directeur. Elle tient à son effet, en omnibus, dans la rue, dans la salle d'attente, au foyer. Il faut qu'on sache qu'elle est du théâtre. Les gens qui l'écoutent semblent deviner que c'est une actrice. Et ça la flatte énormément.

Il y a quelqu'un d'aussi flatté, c'est son monsieur. Le monsieur pour acteuse — variété du mari de la débutante — pousse le culte du théâtre jusqu'à le servir en sa maîtresse. Il n'est jamais plus radieux que lorsqu'elle joue; chaleureux, enthousiaste, participant aux bravos, les provoquant. Il ferait le boniment à la porte si la scène était à la foire. Il assiste aux répétitions et donne des conseils qu'on supporte parce qu'il est généreux. On finit par s'intéresser à une chose qui l'intéresse tant, et moitié riant moitié sérieux, on s'informe des débuts. « Voyons, quand? cette pièce? » Et c'est admirable de l'entendre répondre : « Nous passons jeudi ! »

Où ne conduit-elle pas un amoureux si féru de coulisses, qui ne vit qu'à la lumière factice des herses et ne trouve de saveur aux baisers que s'ils traversent une couche de blanc gras? Elle le traîne de bouibouis en bouibouis, l'acoquine à des Bordenave de banlieue, le fait souper en des sociétés louches où l'accroche-cœur se dessine à la tempe du jeune premier. Sur la moleskine crasseuse des antichambres directoriales, elle lui impose des factions humiliantes. Il y attend — pour ne pas gêner les négociations — que se rouvre la porte qu'un verrou prudemment tenait close. Il paie les fleurs, il paie les toilettes, il paie les voitures, — trois heures devant chez l'auteur qui fait réciter à domicile la scène du sofa. Il paie le champagne, il paie les claqueurs, il paie les affiches ; et le soir des débuts il paie les plus belles loges pour qu'elle ait sa salle. « L'avez-vous vue? Un rôle de rien du tout.... Ce qu'elle en fait ! Quel tempérament. Et ses jambes !... Les avez-vous vues, ses jambes? L'avez-vous vue? » Pendant du Mas-tu-vu légendaire, l'ami de l'acteuse est l'inénarrable, le prodigieux, le bouffon, le naïf et touchant Lavez-vous-vue !

Tant va la cruche aux autres qu'à la fin ils la cassent. Il s'aperçoit, au retour d'une absence, que son amie est bonne à un menton bleu. La trahison est évidente. Pincée! Elle joue sa grande scène d'émotion par tirades d'un débit saccadé. Elle déchire son mouchoir — s'il n'est pas trop cher. Elle pleure, trépigne, avoue : avoue celui-là, les autres, tous, crâne, osée, très rosse, parce que le rosse est le dernier genre, le genre Antoine. Elle va et vient, cherche des attitudes, moulée dans son peignoir et, à travers ses sanglots, retient les poses que lui renvoie la glace et dont les plis lui semblent chics. Maintenant épuisée, elle tombe sur un canapé à l'avant-scène, c'est-à-dire près de la cheminée, la poitrine haletante comme Mme Hading. Et elle s'y évanouit comme Mme Bartet.

Lui aussi connait son répertoire. Malgré lui combinant ses sentiments avec ses souvenirs de théâtre, il obéit à des choses vues en des scènes analogues et qu'il trouva très bien. Il se précipite à ses genoux comme il l'a vu faire à M. Guitry. Désespéré, vaincu, il lui prend la main, la tapote, il l'embrasse sur les cheveux et murmure les phrases traditionnelles : « Je souffrais trop, vois-tu ». Et, magnanime, avec la lenteur d'une chute de rideau à la Comédie-Française, il lui pardonne....

N'était-ce pas inévitable? Puis vraiment, est-ce que cela compte? Peut-on décemment voir un rival dans un acteur heureux? L'infidélité était prévue. Dans l'élan qui pousse les petites femmes sur les planches, ce goût du cabotin n'est pas moins vif que le gout du cabotinage. De combien de jeunes filles, à son insu, l'acteur célèbre n'a-t-il pas déterminé la vocation! Des fées du Tout-Paris, dédaigneuses d'hommages royaux, ont sans résistance cédé aux avances d'un pitre, à moins qu'elles ne se soient d'elles-mêmes avancées. Ces scandales sont de notoriété publique. Ils apprennent aux talons rouges, qui n'en marquent point d'humeur, la disgrâce dont les bafoue la veine insolente des queues-rouges.

Car la grande dame de Cythère prétend aux lauriers de la scène où elle le dispute aux professionnelles et aux convaincues. Il y eut toujours ainsi entre le théâtre et la galanterie confraternité de bon voisinage, la scène étant le pont. Jadis il conduisait surtout du théâtre au demi-monde. Aujourd'hui il mène surtout du demi-monde au théâtre. On se fait d'abord un nom dans la haute noce. On est parmi les horizontales : on brigue d'être parmi les artistes avec la rampe de gaz sur les boulevards, la vedette sur les affiches.

La scène ne chôme point de jolies personnes qui cabotinent, fines et adroites, et se font distinguer. Elles sont décidées à toucher moins de feux que leurs diamants n'en jettent, mais à en allumer davantage. Elles n'affichent pas leurs liaisons qu'avec des cabots et ne chantent pas que des romances lymphatiques. Pour les petits vernis qui sucent leurs cannes dans les loges, elles débitent un répertoire dans lequel il est beaucoup parlé « de pognon, mon mignon.... Allume! allume! » Ça se chante si l'on veut, mais surtout ça se trémousse. Avec un corsage qui ne monte pas haut et une jupe courte, on arpente la scène, épileptique, échevelée, sur la croupe tendue retroussant le fouillis des jupons. Les claqueurs simulent une salle en délire, et des corbeilles de fleurs surgissent à la rampe, dont l'étoile remercie, à gros baisers, le public, qui n'y est cependant pour rien.

C'est le départ pour la grande vie. Un coupé désormais s'arrêtera à l'entrée des artistes. Il est au mois, le petit duc en fait les frais, ou le petit vitrier. On donne dans la jeunesse dorée. On soupe chez Maxim's. Si l'on va aux courses, les Dangeau du boulevard vous signalent au pesage, mais à part de Cythère, sous la rubrique : « Nos charmantes artistes ». C'est ce dont les belles élégantes enragent.

Est-ce si difficile de paraître au théâtre? Il n'y faut que du toupet; en manque-t-on? Des toilettes, on en a. On n'a pas de voix : est-on forcée de chanter? On n'a ni mesure, ni tenue : est-on forcée de jouer la comédie? Mais on peut montrer du talent s'il ne s'agit que de montrer des lapins. On peut aussi faire de la prestidigitation si l'adresse n'est pas nécessaire. Et enfin, l'alcôve s'ouvrant au fond de la scène, c'est la moindre des choses que de se coucher en public ou de se lever. On en sait le rôle par profession et on le joue avec un naturel parfait. Il n'en coûte que peu d'observation et deux ou trois mille francs de dessous. Car si la critique est indulgente pour le talent, elle est très sévère pour les chemises. On a des « Soirées parisiennes » dans les journaux, son portrait sur les murailles, et l'on figure aux éventaires des photographes, entre le nouveau président du Conseil et M. François Coppée. C'est la gloire. On est Marion de Lorme ou Émilienne d'Alençon « des Folies-Bergère ». On est au théâtre, on joue, on est une « artiste ».

« Une acteuse », rectifie l'écho des coulisses qui emploie l'euphémisme avec aménité.

LA GALANTERIE

La Demi mondaine

La Demi-mondaine

Un étranger arrivant de loin n'attendit pas que le train en gare de Paris eût stoppé pour se précipiter sur le quai. A peine à terre il promena autour de lui un regard enfiévré : « Où sont les sultanes? » demanda-t-il. Dans sa hâte à voir ce après quoi depuis si longtemps sa curiosité ardait, il définissait la nature de l'attraction voluptueuse que Paris exerce sur le monde. On le sait embaumé d'amour et l'on vient vers lui comme on allait à Corinthe.

Dans le cercle limité des attractions féeriques, dans l'enchantement d'un palais d'Armide, dans la lumière élyséenne, dans la musique et dans les fleurs, Paris, à rendre son hospitalité souriante, convie d'aimables filles qui ont la bonté d'être humaines. Elles sont jolies ou pires. Leurs sœurs de Milet, dans leur commerce jadis apportaient peut-être une grâce plus parfaite. La Grèce, hostile aux médiocrités, faisait de l'amour une culture attentive. Elle façonnait des Corinthiennes, les aiguisait pour la volupté dans des séminaires dont l'art chez nous semble perdu. Nos joueuses de flûte, d'extraction commune, pour la plupart manquent de cette éducation qui alliait l'éloquence à la musique et la science du discours à la grâce aisée du rythme. Les Grecs raffinaient sur tout; en cet art nous sommes leurs fils déchus. S'ensuit-il que Laïs ne soit pas encore désirable et que Théodote ne puisse en son privé recevoir Socrate? Les faits donneraient à de telles impostures un démenti. On cite quelques belles personnes dont l'éducation — au vrai commencée pour un tout autre objet — sont en état de causer dès qu'elles ont fini de rire, et l'on ne s'étonne point de la correspondance ininterrompue qu'une courtisane, à la plume joliment stylée, entretient avec un philosophe que les jardins d'Académus ombragent de leurs rameaux immortels.

Elles sont notre demi-monde, qui est tout un monde avec ses rangs et ses castes. Le triomphe d'une courtisane est rebelle à l'analyse. Celle-ci est élue et non cette autre qui a même agrément de visage, aussi experte en ses mensonges, aussi fantasque en ses désirs, aussi fugace en ses projets, aussi douce et aussi cruelle. La mode — cette divinité despotique — décrète la célébrité en vertu d'on ne sait quelles obscures raisons. Quelle main mystérieuse va chercher dans l'ombre où elles végètent ces grandes dames d'amour et les assoit au rang des réputations régnantes? A peine si nous le pouvons soupçonner; d'autant qu'elles ne sont pas femmes à trahir leur origine. Il n'est d'elles aucune autobiographie sincère. Les mémoires d'une hétaïre manquent à notre littérature, et Sapho même ne chante plus.

Écriraient-elles le roman de leur vie que le fard lui ôterait toute authenticité. L'orgueil les porte à dissimuler, dès qu'elles sont en haut, déployant comme un paravent sur leur roture un blason de fantaisie. On n'en saurait que ce qu'en dit ce blason si la grande dame de volupté ne se prenait de querelle avec ses fournisseurs. Dans la bagarre judiciaire le vernis de noblesse s'écaillant laisse lire sur l'exploit de l'huissier le nom plébéien que l'on avait cru devoir abandonner à sa mère avec ses jupes fripées et ses chapeaux hors de saison. Mais les titres usurpés n'en perdent nul crédit. C'est qu'on ne voit point Marie Duplessis en sabots quand elle arrive : on ne la remarque que Dame aux camélias quand elle est arrivée. La célébrité ne commence que lorsqu'elle est en possession de ses titres et privilèges. La demi-mondaine ne s'annonce pas : elle entre en tumulte. Un seul terme dépeint bien sa fortune : elle est lancée.

Qu'importe le point de départ? C'est quelque fille de portière, un Greuze au profil ingénu, petite cruche cassée à qui un clubman donna la patente de grand chic et ses entrées dans le monde élégant qui s'amuse. C'est une échappée de la bourgeoisie régulière, sans vocation pour les vertus qu'on lui enseigna, assoifée de tapage, de richesse et de luxe. Ou c'est une simple belle personne qui fit estime de son corps, le produisit sur les planches : cythéréenne de la rampe dont le succès fleurissait de gardénias les loges.

Ce qu'il faut admirer chez ces belles fêtées, c'est l'entente subtile des choses matérielles de la vie. Que d'ordre dans leur dissipation et que de logique! Quelle comptabilité bien tenue! Comment, sans étude préalable, atteindre à cette rectitude de jugement qui leur donne juste assez de ce qu'il faut de mépris pour s'attacher les hommes et ne les point exaspérer?

Si Corinne est experte à faire obéir au doigt plus qu'à l'œil le troupeau docile des dévots de sa chair, si Musarie retient par des fils si puissants les roués à son contact devenus naïfs, c'est, d'après Lucien, qui surprit les courtisanes dialoguant, que Corinne a Crobyle et Musarie sa mère. Les bons conseils que ceux de Crobyle! « Te voilà en âge de me nourrir en te procurant à toi-même de belles toilettes. — Comment cela, maman? — En menant joyeuse vie avec les hommes moyennant finance. Adrosie traînait la guenille, vois comme maintenant elle est mise. Elle a gagné tout cela par sa parure élégante et les grâces de son maintien. Si tu prends ces manières, nous serons aussi heureuses qu'elle, car tu es bien mieux, ô Musarie! » Dialogue de vingt siècles et qu'Athènes entendit, mais qui est d'aujourd'hui et que Paris a pu entendre. Cette mère prévoyante n'a point disparu avec le monde antique; elle est de nos connaissances. Bonne mère qui fait le nid de son enfant avec un soin farouche, écartant les troubadours et les sans-aveu, pour retenir l'homme considérable et cossu. « C'est-t'y beau un millionnaire! »

Que Lucien prête l'oreille à la porte tendue de peluche d'un entresol du quartier Marbeuf et il aura la surprise d'ouïr aussi vif le dialogue de Musarie et de sa mère la gourmandant de ses abandons sans profit. « Tu vois tout ce que nous recevons de ce jeune homme : tu n'as encore ni sou, ni robe, ni bottines, ni parfums. Ah! des promesses, des espérances à long terme, c'est toujours la même chanson : « Si mon père..... Quand « je serai maître de ma fortune, tout sera à toi. » — Il est beau, ma mère, il me dit qu'il m'adore. Il est fils de Lachès, sénateur, nous avons tout à espérer de lui dès que son papa aura fermé l'œil. » Il vous souvient à cette naïveté du cri de cette mère prévoyante : « Est-ce avec des espérances, dit l'Athénienne, que nous paierons nos fournisseurs? »

Sous nos cieux comme sous ceux de l'Attique les fournisseurs ont cette prétention d'être payés. La note tombe, comme par hasard, lorsque soupire le dernier admirateur au paroxysme du désir savamment calculé. S'il est homme délicat, il collabore aux frais du culte, ni moins souriant, ni moins tendre, convenant qu'il doit participer au luxe dont son idole s'entoure. Voudrait-il point qu'elle fût l'objet de prix qu'on lorgne, écrasée sous la splendeur de l'écrin, sans lui-même bourse délier? Elle s'adorne, se parfume et se vêt pour lui, et de son opulence il ne peut tirer vanité que s'il a donné l'acquit. L'acquit au total? Ce serait beaucoup d'exigence. Il fait ce qu'il peut, et s'il se ruine, sa réputation est sauve. On n'a plus de ces prétentions des financiers de l'autre siècle qui affermaient une beauté en propriété unique.

Cette dureté de vie enseigne aux demi-mondaines la prudence d'un état. Volontiers elles se font saltimbanques et, ayant tout à peu près montré, montrent encore autre chose : des lapins ou des éléphants. Elles entrent dans des cages où de vrais fauves jouent pour elles les lions amoureux. Elles imitent naïvement les attractions de la foire et, avec une inaptitude candide, pastichent la Loïe Fuller ou Robert Houdin. Elles se couchent et se lèvent en public, histoire d'apprendre à tous comment elles attendent la fortune dans leur lit. Et elles disent : « Nous sommes des artistes » comme les parvenues du nouveau régime disaient : « Nous sont les princesses ». L'art c'est de se renouveler, tout en restant pareille. Il y faut une application constante. Tout faux pas est pernicieux sur les marches de ces trônes où vous appelle Sa Majesté l'Amour.

Si pleine que soit cette vie, appelant pour qui redoute de déchoir une variété savante dans l'exhibition, si tyrannique que soit le calendrier de la demi-mondaine, qui va de la Circoncision à la Saint-Sylvestre, des banquiers aux cabots, avec ses fêtes choisies de l'Hippique et du Grand-Prix, de Deauville, des premières et des fréquentations quotidiennes du Bois; avec cette vie à toute vapeur, fébrile, trépidante, exaspérée, elle trouve encore une heure pour le languissant ennui. Au creux de son cœur résonne la douloureuse complainte du vertige du vide. La seringue d'or distille en ces minutes d'angoisses son poison apaisant et menteur, mais l'accalmie est brève si la peine est longue. Quelle tendresse perfide et subtile aurait raison de ses morbides dégoûts? Aux curiosités maudites elle s'abandonne et n'en conçoit que plus profonde l'amertume de ses désenchantements. La chronique, un matin, raconte le drame. Elle a voulu mourir. Elle a embrassé son chien et dit adieu à sa femme de chambre. Elle a bu du laudanum après avoir écrit un testament digne de figurer dans la Bibliothèque rose. « Conduisez-moi, morte, chez maman. Il vaut mieux que je disparaisse. Je ne suis plus l'enfant qui ne comprend pas l'horreur de vivre ainsi. Adieu et pardon. » Et c'est signé de son vrai nom qui fut son nom de vierge — quelque temps.

C'est une grâce d'état pour ces pécheresses : leur suicide ne dépasse pas les limites d'un purgatif. Le matin elle était déjà mieux, plus soulagée. Ce qu'on avait pris pour du remords, c'était de la bile. Ces messieurs, à la nouvelle de la catastrophe, sont accourus. Cela fit à son chevet une belle audience. Les choses s'y passèrent avec une grande décence, hors qu'on manqua de sièges. Ils étaient venus tous. Elle leur dit : « Ne me quittez pas ! » Ils sont restés, et c'était touchant.

La Fille

La Fille

La chance, cette déesse si souvent invoquée dans les jeux de l'amour et du hasard, ne conduit pas vers d'égales destinées toutes les enrégimentées de Cythère. Il y a les plumes blanches du pesage et des coupés de maître, les plumes noires du Jardin de Paris et des terrasses de l'Américain; les galons d'or du Moulin-Rouge et des meublés chics; les galons de laine de la bohème impénitente; et derrière, marquant le pas, traînardes, les sous-gradées du bitume et les dégradées de carrefour, vieillies sans souvenirs de gloire et qui ne se virent jamais, fût-ce une heure, inscrites au tableau d'avancement. Il faut encore ici admirer la Providence. Que deviendraient les faméliques d'amour, légers d'écus, si les tables d'hôte où les gloutonneries sans délicatesse se rassasient étaient d'une chère toujours rare et dispendieuse? Le supplice serait de Tantale pour d'innombrables affamés, alors que l'inégalité des filles de plaisir permet à qui veut d'aller à Corinthe. L'amour est le plus démocrate des souverains absolus. Il donne aux gueux les mêmes festins qu'aux riches. Le service seulement diffère. La vaisselle est quelquefois médiocre, et souvent sale est la nappe. Mais l'illusion est une charmeresse qui jette sur ces défaveurs les broderies de ses mensonges et les heureusement dissimule.

Elles y aident de leur mieux et s'y montrent fort adroites. S'habille-t-on avec plus de chic? S'émancipe-t-on avec plus de fantaisie? Ose-t-on avec plus d'impertinence? La morale en gronde et c'est injuste : elles sont prédestinées. Venues d'instinct au plaisir, et point toujours par plaisir, il en est qui ont mauvaise grâce, l'humeur acariâtre, la lèvre boudeuse, et qui, peu engageantes pour engager, s'amusent comme on s'ennuie. Mais combien aussi — articles de Paris folichons — qui sont drôlichonnes !

Drôlichonnes de surface, car le fond est navrant. Le compagnon dont elles escomptent la conquête ne cherche-t-il que la joie, elles font mine de n'avoir pas mieux à vendre. Elles lancent, d'une voix défraîchie, les mots provocants et clichés. Elles jurent avec des roucoulements de ramier que leur court veuvage leur pèse et qu'elles sont brûlées de l'ambition des nuitées lascives. Elles sont des yeux et des lèvres d'accomplics ribaudes, et leur corps semble vraiment secoué du précurseur frisson des abandons voluptueux.

« Ce soir, je me sens en verve, » glisse la passante, comme gourmande de toutes les luxures. Elle se dépense dans des gamineries avec un rire qui fuse en éclats faux. Elle affecte l'insouciance du lendemain et la satisfaction de l'heure immédiate, et crie Évohé! le verre vide. Elle gourmande le compagnon de hasard s'il est renfrogné ou sévère. « Voulez-vous bien prendre une autre figure! » Et, vite familière, elle cherche le geste ou le trait qui le déridera. « Elle aime à rire, elle aime à boire, elle aime à chanter comme nous. » Fou qui s'y fie. Elle a un masque. Son allégresse est contrainte, son sourire professionnel, sa belle humeur un rôle. Si l'inconnu est un être de tendresse et de réflexion, elle revient vers son naturel et se montre dans toute la détresse de son âme et de sa chair, veule et morne. Si peu qu'on la pousse aux confidences, son roman se déroule — toujours le même. C'est bon aux arrivées de crâner. Même en bas, il y a bien quelques hâbleuses pour se donner une origine mensongère : « Fille d'officier supérieur.... » Toi aussi! La plupart en ces couches infimes de la galanterie tarifée où croupissent les « Pas de chance » avouent le dégoût et la lassitude de leur négoce. Le cri qui leur vient aux lèvres est l'éternel « Hélas, si j'avais su! » Quand elles surent, l'énergie leur faillit pour le retour vers le mieux. Il y a des pentes qu'on ne remonte pas. Comme, lamentables, elles rappellent l'enfance pénible chez des paysans avares et durs, l'adolescence sans charme, et, vers l'éveil des sens, le mâle qui les initia, brutal ! La nature impassible tendait son piège et un enfant naquit : l'enfant qui sera le prétexte ou l'excuse de la chute finale, la suprême raison de Fantine. Qui fut le père ? Un petit paysan vicieux ou le premier maître. D'aucunes le lavent du reproche : « Il partit soldat et mourut à l'armée ». La règle, c'est la félonie. La maternité hors le mariage et le père absent, c'est l'exil prononcé au village. Elle s'enfonça avec son baluchon dans la foule anonyme des cités, n'ayant qu'un état illusoire ou point d'état, ce qui revient à dire servante. Elle fit une rencontre et sans exigence accepta la cohabitation, convaincue que l'insuffisance de son gain la ferait tributaire de l'homme qui se lasse et change. Où aller ? Les galants se disent d'une jolie fille dont le cœur est sur le pavé : Bon, cela fait toujours passer une nuit ou deux. Et la jolie fille accorda ces nuits-là et mille et une autres. Elle fut la professionnelle des cabarets de noctambules que la police guette, surprend et immatricule. Elle se tailla un champ d'opérations. Elle affectionna un établissement interlope, n'ayant d'audace que là, toute dépaysée ailleurs et honteuse.

Cette fleur de bitume n'est point telle qu'on se la

figure, émancipée et sans front qui rougisse. Elle a des discrétions qu'on ne soupçonnerait pas. On la juge d'après les cyniques, jeunes et effrontées qui affichent leur impudeur avec une gloriole qui est un défi. C'est la mal connaître. Craintive de se sentir méprisée et de se savoir méprisable, elle a des timidités de bête battue. Irrémédiable déchue qu'aucune bonne volonté ne libérerait, Madeleine chez qui le regret n'est point le repentir, en son cœur dévoyé, pourtant un coin par miracle reste indemne des souillures.

Un besoin de respectabilité, chez les aînées, demeure étrangement tenace. Par des ruses infinies elles cachent à deux ou trois êtres leur condition. On a pu entendre dans l'une de ces brasseries, caravansérails où le sultan Tout le Monde jette son mouchoir, une des femmes refuser l'offre d'un coucher. Nulle aubaine ne la tentait. S'était-elle promise à un amant plus heureux, ou plus riche? Appartenait-elle à quelque habitué dont c'était le jour? Point. Sa jeune sœur venue à Paris était descendue chez elle. Et pour la maintenir dans l'illusion de sa vertu, elle rentrait seule.

Une de ces vagabondes se sentant suivie par un homme hâtait le pas, plus effrayée qu'une femme honnête. « Dans ce quartier-là, ça m'aurait ennuyée. — Et pourquoi dans ce quartier-là? — C'est que j'y ai des amis mariés, très comme il faut, que j'ai connus par hasard. Je passe mes dimanches chez eux : ils ne savent pas que je fais la noce. Je mets pour les aller voir une petite capote sérieuse. Ils ne se doutent de rien. »

C'est un repos. Son état lui pèse donc bien? « S'il me pèse? Il pèse à toutes. Pas une ici qui, sincère, ne vous le dise. Ah! si la femme qui commence savait ce que c'est! Mais quand elle y est, elle y reste.... Pas d'état, un passé qui vous hurle aux talons, un gosse ignoré souvent. J'ai le mien chez mon père à trente francs par mois. Si je manquais de payer un mois, il me le renverrait. Plus de besoins que de courage; on devient paresseuse à se vautrer sur les tables, et buveuse; l'alcool, ça remonte, mais ça brûle. A quoi s'employer? Où? On est là-dedans, on y crève.... A moins?... J'allais dire des bêtises.... » Et se levant, son bock vidé : « Vous ne vous fâcherez pas, monsieur, il faut que je fasse ma journée, la nuit s'avance ».

Ce qu'elle n'osait avouer, c'était le rêve d'un arrêt sur la pente raide; l'homme rencontré qui passerait l'éponge sur l'arriéré et donnerait la certitude du pain et du garni. Elle se tiendrait très sage, très fidèle, et ne ferait pas comme elle en savait, des femmes qui ont de bons garçons et les trompent. Et des femmes mariées encore! « Car nous, enfin, n'est-ce pas? on est libres. Moi j'ai été une seule fois dans une maison de rendez-vous. Je faisais la septième; cinq avaient des maris. Alors quoi, c'est du vice! »

C'est du vice! Le reproche est paradoxal sur de telles

bouches. C'est du vice! Elles, ce n'est pas du vice. Le vice, c'est, quand on a sa suffisance, de se donner pour le superflu. Elles oublient que le moindre effort eût conjuré leur déplorable fortune et que la nuance est faible qui les sépare des femmes dont elles censurent le commerce et surtout la concurrence. En la même situation, esclaves de cette faiblesse morale qui les dévoua à la Vénus publique, elles en eussent fait autant. Si leur rêve se réalisait de l'homme leur assurant la possibilité, sans nul labeur, d'une paresseuse vie, nostalgiques des baisers interlopes, elles retourneraient à leur vomissement. Même dans l'amour, il n'y a plus de rachat pour ces captives.

Leurs tendresses gratuites n'élisent jamais qu'un indigne. Quel autre souffrirait d'accepter sans nausées le partage des pièces blanches et des nuits pareilles? Comment en arrivent-elles même à cette association, quasi conjugale, dont l'unité et la consistance font une sorte de mariage? Par les voies sans doute que suivent leurs sœurs les plus pures. Parce que le choix d'un être par un être est un privilège inhérent à la nature humaine: parce que l'abandon de soi au profit d'un autre est un mouvement spontané et régulier, et que telle dont les bras par profession étreignent tous ceux qui passent, en réalité n'étreint que celui qu'elle y appelle. Chez les plus galantes s'observent des dégoûts ou des attirances. Ne pouvant prétendre à s'accorder à un seul, elles se circonscrivent au profit d'un type général. Elles ne mentent pas toujours quand elles disent à ce passant qui ne les a point repoussées : « Vous êtes mon béguin ». S'il marque la surprise d'un tel choix chez une professionnelle qui ne saurait avoir sans risquer de ne pas dîner les délicatesses du héron, elles savent répondre qu'on peut dîner d'un simple goujon et prétendre à mieux. « Il y a des messieurs qu'on préfère. » Chez les bohèmes de l'amour, l'indépendance va jusqu'au refus des occasions si préjudiciables aux intérêts matériels.

N'est-ce pas cette apparence d'échange et de réciprocité dans l'amour qui fait rechercher la galanterie libre de la rue en opposition à la galanterie du sérail, où la femme n'est que l'esclave subissant n'importe quel maître venu à sa rencontre. Du moins, dans le marché des terrasses, dans les Édens musicaux, dans les jardins publics, le va-et-vient des deux sexes implique une liberté. On s'est croisé, regardé, deviné, on s'est voulu. Ce n'est pas une serve qui se soumet, c'est une affranchie qui s'abandonne. On s'est choisi du regard et un sourire mena tout de suite aux accordailles. Le mariage d'inclination et à la fois de raison se fera — toutes stations intermédiaires brûlées — avec le divorce prévu au saut du lit. Au fond, que de mariages où passe le notaire qui, de fait ou d'intention, ne sont que ce bref marché, sans même le regard qui choisit et le sourire qui fiance !

C'est que le caprice n'est jamais banni du cœur de ces jolies filles. Musette, au Quartier, revit, toute pareille à la prodigue inconstante que Mürger chanta. La grisette, en dépit des élégies, n'est pas morte. La grisette qui fait l'amour pour l'amour de l'amour, dépensière de son printemps, en des chambrettes exiguës où d'aimables garçons sans fortune gaspillent le meilleur de leur cœur et de leur esprit. Leur fantaisie se teinte de sentimentalité vraie. Ils aiment au jour le jour, cœur percé et panier percé, turbulents et fantasques, ivres d'eux-mêmes.

Leurs vingt ans d'étudiants bien mis et affinés badaudent dans cet admirable Luxembourg, cadre idéal d'un embarquement à Cythère. Le livre sous le bras, Catulle dans la mémoire, dans l'âme tout l'élan d'une jeunesse qui ne sait point d'obstacle, artistes ou poètes, futurs législateurs, savants en espérance, notaires en gestation, ils flânent. Et d'instinct flânent aussi, les frôlant, de nouvelles venues, petites ouvrières qui croyaient abréger le chemin en prenant le Luxembourg — et l'allongèrent, et se perdirent. Un mot dit en passant invite à la riposte. Le mot est trop bien tourné pour que la riposte soit méchante. C'est un compliment sur la taille — qu'on sait bien prise ; sur les yeux — que l'on sait ensorceleurs ; sur le sourire — que l'on sait futé.

L'étudiant, près des filles du peuple, qui le connaissent de l'hôpital. où son savoir bienveillant les doucement troubla, qui les pansa, les réconforta, berça leurs fièvres, qui se pencha sur leurs fronts par la souffrance poétisés, jouit. jusque dans la rue, de son prestige d'interne, ce qui facilite singulièrement les entreprises. On ne rebute point les quelques pas d'un compagnon de route qui a de si bonnes façons, des manchettes blanches et qui, parleur orné, sait l'art de si bien varier le thème banal des colloques de hasard. On ne refuse pas à ce ciseleur de madrigaux un bout de causette sur un banc, à l'ombre tutélaire de Blanche de Castille. D'abord effarouchée, on s'enhardit comme ces moineaux qui volettent autour de la main du charmeur. La familiarité croît avec la confiance — et le désir. On accepte (« qu'est-ce que maman dira? ») de sortir du jardin. Et à deux, l'un l'autre s'entraînant, on finit par grimper jusqu'à la chambrette (« Je n'entrerai pas, je vous avertis »). C'est un grenier ensoleillé tout parfumé d'une odeur de tabac, cependant on se garde d'ouvrir une croisée indiscrète, et, si hygiénique que soit le renouvellement de l'air. on ferme la porte (« Non, non, je m'en vais, j'ai eu tort de monter, vous n'êtes pas raisonnable »). Le refus n'est déjà plus qu'un nenni avec un doux sourire. Et quand elle lui dit : « Voulez-vous bien finir », c'est pour qu'il commence.

On cause, on s'attarde; l'heure passe, celle du berger. Si tard! que dira la mère? On redoute son courroux et, n'osant l'affronter, on reste.... « M'aimez-vous, du moins? — Je t'adore.... Comment t'appelles-tu? » Ce nom ignoré le matin, le soir aux échos de toutes les brasseries sonnera au bruit des bocks — et le Quartier comptera une « femme » de plus. Point noceuse encore, fidèle à l'amant rencontré, amoureuse du nid qu'elle tapissera, ouvrière qui se souviendra de l'aiguille trahie pour s'ajuster à peu de frais une toilette dont sa jeunesse sera le plus grand charme. Et cela durera jusqu'aux vacances. Il partira dans sa famille, laissant une veuve consolable, — car sur les paliers de ces Thélèmes garnies s'ouvrent heureusement plus d'une porte, et si minces en sont les cloisons qu'on n'a pas le temps de pleurer l'abandon d'un ingrat, qu'un consolateur attiré par les sanglots s'offre à sécher les larmes que l'absence fait couler.

Un si bon office ne se repousse pas. Sur les ruines de l'ancien édifice un aussi précaire s'érige, mais déjà les relations sont plus nombreuses, les prétentions plus exigeantes. Elle est mise avec plus de fracas, et l'étudiant, d'esprit bourgeois, qui ne s'oserait montrer comme l'artiste au bras d'une maîtresse mal parée, recherche à beaux écus sonnants Musette lancée qui fait des incursions sur la rive droite où elle brille en compagnie de « gigolos » chics, et pas amusants.... Éclipse fugitive, elle revient à la bande joyeuse qui a le secret des farces qui la déridenti, qui chahute à Bullier, et tapage sur le Boul' Mich', qui rosse le guet, décroche les écriteaux, conspue les autorités, et dont la fantaisie, par licence spéciale, s'échevèle aux quatre vents de l'esprit. Ève, ohé! L'amour est roi!

« Un petit bouquet, madame! » C'est, à la terrasse, la bouquetière, debout, sérieuse et impassible, sa corbeille à la main, qui s'offre à fleurir ces amantes légères des roses qui durent l'espace de leurs amours!

La Bouquetière

La Bouquetière

A toutes les corolles s'abreuvent toutes les amours. Il n'est autel que la fleur n'enchante. Autel mystique d'où s'exhale le virginal encens, autel profane d'où s'épandent les voluptueux parfums. Elle est le lis des fiancées et le myrte des épouses. Elle est la rose au sang vermeil des nuits amoureuses et le glacial camélia des mondaines victoires.

Elle est où l'on pleure, suprême hommage à nos chères défuntes....

Elle est où l'on rit : vêtue de blanc sur les tables du faubourg, aux Sainte-Marie si chômées ; piquée au corsage qu'une main impatiente dégrafa ; confondue sur la nappe du souper avec l'éventail et les gants ; trempée dans la coupe où le champagne célèbre, tapageur et fou, les charnelles capitulations. Sur les premières marches, membre de l'escalier du Jockey-Club, Isabelle II ou III dispose pour ces messieurs du cercle la « boutonnière » que le prince a mise à la mode ou le petit duc ; au seuil des « salons et cabinets », voisine de l'écaillère, la fleuriste, à demeure, assemble les gerbes opulentes dont les couples éphémères parfumeront le divan des chaudes étreintes.

La fleur est certaine de l'accueil. Elle sera toujours la bienvenue. Elle n'a point d'ennemi : on n'aime rien, qu'on l'aime. Sait-on jamais si la joie agréera le présent offert? Mais un sourire fait fête à la fleur dès le seuil franchi. Devenue une puissance, à son service elle a plus que l'innombrable armée des bouquetières : toute une équipe de modistes se dévoue à ses soins.

En d'odorantes boutiques, la fleur se montre, parée comme une grande dame. Elle a des rubans et des fanfreluches. Elle habite l'osier doré, le bronze et le cristal taillé finement. Douillette, elle coule une vie tissée d'or et de soie, par des fées qui vont jusqu'à la mettre dans la douceur du coton. Que d'égards pour prolonger l'éclat de sa beauté éphémère et en rehausser le prix! Son charme naturel s'évanouit bien un peu sous les raffinements du luxe. Et de la paysanne qu'elle fut — jacinthe venue de Montreuil, glaïeul arrivé de Fontainebleau, violette détachée de Sceaux, rose coupée à Fontenay, — que reste-t-il dans l'orgueil qu'elle affiche? Ses couleurs sont ravivées, sa tige est dissimulée dans le satin et elle est coiffée comme une élégante, à la dernière mode. Ce charme d'emprunt ajoute-t-il à son charme inné? Un bouquet tout uniment assemblé a bien son prix, mais la vie parisienne a tant d'amour pour le factice et l'apprêté qu'elle estime que leurs robes de pourpre aux roses ne suffisent plus.

La bouquetière pour tant de fleurs où n'est-elle point? Elle s'insinue, errante, où l'amour met sans façon ses coudes sur la table et ses pieds sur les genoux. Elle court les bals et les cabarets de nuit, se poste aux angles des boulevards, se glisse dans la cohue des terrasses, se précipite aux portières. Elle est jeune — trop jeune — et l'équivoque la suit. Elle est vieille — trop vieille — et le soupçon la précède. Que vend la mendiante défleurie hors ses louches offices de duègne? Et si ce n'est pas son bouquet, qu'offre la fillette en haillons, pauvre enfant qui passera fleur sans avoir fleuri?

Pour qui connaît les secrets de son langage, la fleur à Paris fait souvent un triste métier.

Mais qui les connaît? La bouquetière est une énigme, la classique bouquetière qui va à la société à peine assise, présentant ses fleurs coupées adorneuses d'hommages. Modestement vêtue de noir, en cheveux et en taille, les traits placides, sourde aux propos osés, rebelle à l'impertinence du geste, elle présente ses roses ou ses lilas. Un regard à l'homme, une invite à la femme, discrète dans ses offres, elle devine le refus, si faible qu'en soit l'esquisse, et se retire sans dépit.

Le compagnon allumé et entreprenant dans sa vanité de mâle se peut parfois imaginer que la bouquetière ne veille point si tard en de tels lieux pour refuser sa rose. Il la veut. Il se hasarde à le lui dire, se voit rabroué et s'en étonne. Quoi, de quelques privautés on se courrouce !... « Elle a des épines, ta rose. — C'est pour qu'on n'y mette pas les doigts, monsieur. »

Se peut-il qu'en ces marchés où tout se vend, ne se vende point la bouquetière? Sa surprise cesserait s'il se disait que, pour réussir dans le métier qui consiste à fleurir le vice, la première condition c'est de pratiquer la vertu. A chercher la clientèle des hommes pour l'amour elles perdraient celle des femmes pour la fleur. Elles ont opté. Leur honnêteté native facilita l'option. Ni dévergondées, ni indolentes, mais robustes au travail, et avisées quant aux moyens de parvenir, elles exploitent le vaste champ de la sottise et de l'amour avec des fleurs pour moyens. Dans le monde qui noce elles se font une clientèle parce qu'elles n'y nocent pas. Elles sont des auxiliaires et non des rivales. On peut attendre beaucoup de leurs services et n'en rien craindre. Elles poussent la rigueur des principes jusqu'à masquer leurs liaisons, — jeunes filles parmi les filles. Leur renommée virginale leur est un titre près des dames galantes. Fleuristes de l'orgie, elles sont quelque chose comme les vestales des feux impurs. « Mon cher, c'est une rosière! — Tu veux rire. — Parole : il y a comme ça à Montmartre deux ou trois femmes originales! »

La rosière dont le rosiérat est particulièrement renseigné surveille avec un aplomb de psychologue le va-et-vient de l'établissement. Elle évalue à vue d'œil la libéralité du viveur et sa fortune et ne se trompe pas d'une pièce. Elle apprécie son degré de naïveté ou d'ivresse et délimite sûrement le crédit de sa générosité.

C'est en quoi surtout elle est précieuse aux femmes. Elle leur indique par l'accueil qu'elle reçoit les espérances que l'on peut fonder sur l'inconnu. De là, une grande cordialité de rapports entre la fille et la bouquetière, et un continuel échange de petits services. La fleuriste l'avoue : « Nous exaspérons les hommes, qui se passeraient de ces frais supplémentaires : la voiture, le bouquet, le verre de champagne; mais ces dames, outre le plaisir de se faire voiturer, abreuver et fleurir, selon la manière dont on nous reçoit jugent des suites de leur rencontre. Celui qui paie, sans broncher, dix sous une rose, deux francs un bouquet, et qui en fait galamment la présentation, ne filera pas à l'anglaise, ni n'épluchera pas de trop près le tarif des faveurs; avec lui quand ce sera fini de rire, on pourra compter.

Il a la fatuité d'être magnifique : la bouquetière en a fait la preuve. Nous sommes pour ces dames la pierre de touche de ces messieurs. »

Cette bouquetière, qui ne participe à la noce que comme le violon qui fait danser et ne danse pas, connue de tous, et de tous soufferte, qui promène dans la beuverie noctambulesque sa réputation intacte ou son brevet de maritale vertu, a des concurrentes dont la ceinture est plus lâche. Elles sont bouquetières — comme elles seraient gantières si la mode n'était point passée des boutiques où les suèdes coûtaient vingt francs. Leurs éventaires sont peu garnis, leurs corsages le sont davantage. Si l'on se plaint du choix insuffisant de leur marchandise, elles font entendre que ce qu'on a de mieux n'est pas toujours à l'étalage. Elles ne prétendent pas porter sur le front les roses qu'elles ont à la main, au contraire. Leur commerce affiché dissimule un négoce discret. Aussi ne vont-elles point qu'aux couples ; elles préfèrent arriver avant l'union. « Je n'ai pas de femme, que ferais-je de vos fleurs? » Plus que pour les ceintures elles ont pour les boutonnières des attentions délicates. Elles y piquent, de leurs doigts, par caprice si inhabiles qu'ils en sont chatouilleurs, un œillet, une marguerite : « Vous permettez, monsieur, que je vous fasse chevalier du printemps? » L'art des madrigaux est perdu et le chevalier manque de faire l'allusion obligée aux dons de Flore qui lui apparaît sous les traits de l'Amour et de Zéphire; mais, pour employer un style moins rococo, la galanterie n'en perd pas ses droits, et Flore, des papillons qui papillonnent sait fort bien conduire le vol émancipé aux parterres des corolles lascives.

Vers le client qui aime dans le bouquet la bouquetière, la fétide marâtre à son tour pousse — progéniture en location — la fillette débile dont la maigreur hérisse d'angles aigus les hardes piquées d'un ruban criard auquel Lovelace ne se trompe pas. L'œil sournois cerclé de plomb et la lèvre stupide dénoncent les conseils qui orientent les pas de cette enfant, mendiante pour les âmes simplistes et pire pour les âmes perverses. — chair de l'ogre. La pitié lui est charitable, mais ce n'est point vers la pitié que, le poing levé, l'envoie la mégère : le vice est d'un plus sûr revenu. Les fleurs fanées du corbillon sont à vendre — et aussi celles du cotillon, — fleurs déjà tombées d'un fruit que la pourriture touchera avant la maturité!

On a hâte de détourner les yeux de ces pâles fillettes instruites à présenter aux curiosités ancillaires le bouquet des équivoques précoces. Elle est si gracieuse, l'enfance naïve, dans ce rôle! Elle est si émouvante à voir, la troupe des petits êtres candides courant dans la vie leurs menottes toutes pleines de fleurs : orgueilleuses bouquetières des fêtes officielles, écharpées de tricolore, que le maire présente aux autorités qui le embrassent; candides bouquetières des processions où, vêtues de blanc, elles sèment de blanc la route que la blanche colombe mystique étoile de ses pieds; caressantes bouquetières des anniversaires du foyer, récitant le compliment en vers qu'une faveur enroule et mettant au cou des aïeux le frais collier de leurs bras nus!

Fleuristes innocentes, rendez-nous plus secourables à vos petites sœurs grelottant sous la bise, piétinant dans la fange, parias à qui pèsent les corbeilles fleuries et

Qui meurent de l'hiver en offrant le printemps.

La Bicycliste

La Bicycliste

Un jour viendra-t-il point où la bouquetière vainement fera l'offre de ses fleurs? Une implacable ennemie est née à tout ce qui fut la grâce auxiliatrice de la femme : la bicyclette. Plus brutale qu'aucune révolution, elle est entrée dans les mœurs, bousculant les opinions reçues, écrasant les résistances timorées et se riant des vieilles ordonnances de police sur le costume. Les dames Quichotte des revendications féminines contre des moulins à vent, moulins à paroles, guerroyaient pour l'émancipation de leur sexe, lorsque le vélocipède, devenu cycle, fut le nouveau dada que la femme osa enfourcher.

Elles n'y vinrent point sans hésiter. L'une d'elles a confessé son épouvante première devant la fine bête aux muscles d'acier. « Il m'a fallu vaincre des impressions de dix années pour envisager la bicyclette sans frémir. L'idée que je pourrais ressembler là-dessus aux singes entrevus sur les routes, le dos en cerceau, le nez à la hauteur du guidon, m'emplissait de terreur. »

La mode est un despote avec lequel la femme ne raisonne jamais longtemps; c'est qu'en principe il n'y a pas de modes ridicules, il n'y a que des modes qui ne sont pas encore de mode. L'idée de s'asseoir à califourchon sur une façon de pal et d'imprimer à ses mollets, exposés aux yeux de tous, un mouvement de manivelle, révolta d'abord le sentiment de pudeur et de dignité qui est en la femme; mais une audacieuse, menant le train, s'aventura à braver le qu'en-dira-t-on. Applaudie de son audace, elle décida les risque-tout; et le troupeau de Panurge suivit dans un emballement fou. Ce n'était qu'un genre, cela devint un chic. Ce sport conquit ses lettres de grande naturalisation, dames de haut lignage, princesses et jusqu'à des reines filèrent de toute la vitesse de leur pneu sur la route affranchie. Plus de protocole, mais le simple avis bienveillant de quelque Touring-Club : « Attention, la descente est périlleuse ». On reconnut ainsi à travers la grille des parcs, sur les allées finement sablées — et même par le chemin banal, couvrant des kilomètres, — les profils de la reine d'Italie, des princesses Maud et Victoria en Angleterre, de la grande-duchesse Xénia en Russie, de la princesse Louise en Danemark, de la princesse Marie en Grèce, de l'archiduchesse Stéphanie en Autriche, de la princesse de Reuss en Allemagne, de la duchesse de Montpensier, de la princesse Eulalie d'Orléans. Tout le Gotha pédalait et ramassait — ô égalité! — de ces pelles qui teintaient de sang bleu la poussière mordue des routes.

Ce qui était bravade devint bon ton, distraction neuve et plaisir qui émancipait. L'éducation anglaise avait préparé la jeune fille aux mœurs garçonnières de la bicyclette qui libère de l'institutrice revêche et des duègnes soupçonneuses. Cependant, la comtesse de Mercy-Argenteau décrétait qu'une femme du monde serait bien avisée qui, en cet équipement, se ferait suivre par sa femme de chambre.

Précaution qui ne s'imita guère; le propre de la bicyclette n'est-ce point de donner l'indépendance à qui s'y livre? Une lettrée l'entend ainsi, Séverine, qui a célébré, pour toutes ses sœurs, la délivrance que ce sport procure et ses ivresses : « L'air vif fouette le visage, augmentant singulièrement la plénitude du sens d'exister, je ne dis pas la joie de vivre, mais l'impression de vitesse gonfle le cœur d'un sentiment bizarre, aucunement physique. Une sensation d'évasion, de félicité, de laisser loin derrière soi tout ce qui vous tourmente, tout ce qui vous peine, tout ce qui vous fait souffrir. Et l'on va, l'on va, comme si l'on avait des ailes, comme s'il ne fallait pas s'arrêter dans une course folle, retrouver la réalité, entendre la cheville à la chaîne au bout du chemin — hélas! »

Peinture mélancolique de l'un des états d'âme de la bicycliste; — elle en a plusieurs. L'hommage pourtant ne varie guère : c'est toujours un cantique à la liberté. Toutes les ardentes du féminisme, en 1896, le chantèrent. Elles avaient tenu un congrès dont la présidence, et pour cause, n'avait pas été dévolue à Lysistrata. Après les travaux vint l'agape. Au dessert, la présidente but à la Bicyclette, qui devait délivrer son sexe des entraves séculaires. Elle saluait en elle l'instrument qui combattait la faiblesse musculaire de la femme en développant ses moyens physiques et qui combattait sa faiblesse morale, faite de crainte, de timidité, d'indécision. Pédaler, c'est s'obliger à garder l'esprit en alerte, s'apprendre à tourner l'obstacle ou à le vaincre. C'est ne s'attendre qu'à soi seule; juger promptement d'un œil sûr. Pour l'esprit oiseux de la femme, quel exercice plus salutaire?

Mais il faut braver le cant et, qui pis est, le ridicule. Si, les premiers jours, sous des crânes de femme, la bicyclette souleva des tempêtes; si, perplexe elle se posait la redoutable question : Être ou ne pas être bicycliste, c'était moins, chez les inquiètes, l'effroi de compromettre leur vertu que leur beauté. « Serai-je ce singe? » se demandait tout à l'heure l'une d'elles, en voyant défiler sur le ruban des routes les initiatrices qui ne se recrutaient encore ni parmi les plus jeunes, ni parmi les plus jolies. L'incohérence du costume adopté ajoutait à l'horreur de l'entreprise. Il était sans grâce ni piquant et prêtait à l'équivoque. « Ainsi fagotée, de quoi a-t-on l'air? »

Comme un attentat à leur prestige, elles dénonçaient les premières culottes bouffantes, — ces culottes qui les font ressembler à des soldats du temps de la Ligue. La bicyclette dès l'initiale rencontre avait mis à la femme le costume sur la gorge. Elle lui disait : « Fais comme si tu reniais ton sexe. Tu es reine au foyer : cours les champs. Tu ne t'aventures que prudemment, va loin et sans escorte. Tu caches tes jambes, montre-les; tu portes la jupe, prends la culotte. » Il n'y avait pas à délibérer : il n'y avait qu'à obéir. Elle obéit. Prise de court, elle improvisa, tâtonnante et fiévreuse, sombrant dans l'excentricité. Sans direction ni mesure, sa coquetterie errait entre les couleurs et les formes et balbutiait. Ève en son premier costume ne s'était pas montrée plus gauche. C'est que la femme avait jusqu'alors habillé une femme : il lui fallait vêtir un être nouveau qui se dégageait d'elle et qu'elle ne connaissait pas : la bicycliste.

L'anatomie dont la passion sait les lignes, lignes harmonieuses du plus beau des temples où la messe d'amour se célèbre, nous apparut, sur cette machine hostile, d'une architecture triviale. Trop grasse, la cycliste débordait sur cette base fragile; trop maigre, elle s'y voûtait et disqualifiait son échine. La cheville crûment offerte perdait l'avantage mystérieux de l'ombre des jupes. Le genou pour un rien se dénonçait cagneux, et le plus joli des petits pieds dans le soulier qu'éculait la pédale lourdement s'amplifiait.

D'aucunes pourtant de la décisive épreuve sortirent, la réputation intacte, toujours gracieuses même en selle — et, qui plus est, femmes presque autant que si elles n'eussent été cyclistes. On voulut penser qu'il n'y aurait point constante incompatibilité entre la femme et le vélo, qu'elle se combinerait avec cette monture comme elle s'était combinée avec le cheval, mais qu'il y faudrait une longue pratique, des tâtonnements dans le grotesque et des essais cocasses qui seraient comme la banqueroute de la grâce et de la beauté.

« Et de la santé », ont crié alors les empêcheurs de courir en rond, alarmés de voir soumis à ce rude exercice de frêles jeunes femmes. Un organisme aussi délicat subirait-il sans danger les sursauts des routes, les régimes violents et les contraintes de l'immobilité établie sur un siège exigu? Le contingent des névroses n'allait-il point se grossir de ces folles recrues? Le sauvage tire la flamme du frottement : la bicyclette ne serait-elle point pour la femme ce que le sauvage est au bois sec? N'allumerait-elle pas un feu qui se consumerait sur place, stérile? On courut chez Charcot : « Ma fille pédale, dit-il, et je ne l'en empêche point ». On courut chez Lucas-Championnière : « Ma femme pédale, dit-il, et je l'accompagne! »

De l'abus de ses plaisirs, la femme est-elle jamais dupe? Ses nudités de gorge par orgueil bravent la bise des nuits d'hiver. Elle tournoie dans l'atmosphère surchauffée des salons, se pâme dans la valse et se secoue dans la polka, sans, aux buissons dorés des cotillons, rien laisser de sa fraîcheur et de sa jeunesse. A demi dévêtue, incitée aux lascivetés, les sens et le cœur en grand soulas, elle résiste au bal, et l'on voudrait que le cycle la brisât? A son rôle de Célimène fatigue-t-elle moins que, nerveuse faunessé, longeant les futaies, toute coquetterie bannie, respirant à pleins poumons — car la brassière délivre les seins — la saine ivresse des sèves et l'arome primitif des foins?

Professionnelle et laide, courant les prix en nature sur la piste des vélodromes; amateur venue au Bois en voiture et achevant son tour du lac en bécane; grande dame s'émancipant sur ses terres et à son blason joignant le bouton de l'U. V. F., plus vaine de son diplôme que de son parchemin : une fois que les a prises le cycle, c'est pour toujours, et les maternités mêmes sont impuissantes à lutter contre le pneu vainqueur.

Elles lui sont reconnaissantes des libertés qu'il leur confère et de l'autre sexe qu'il leur donne. Elles y voient aussi, mais peut-être s'abusent-elles, une gamme surajoutée aux sensations qu'elles nous donnent. Elles en viennent jusqu'à oser, en cet accoutrement de Dianes à la manivelle, disputer le record du flirt?

Cyclewomen prenant « l'avoine » au Chalet du Cycle, Walkures de la pédale persillant à pied sous les réverbères, émancipées plus qu'émancipées, elles passent parmi les hommes, les mains dans les poches, l'air de gamins vicieux, et s'étonnent que les hommes soient plus familiers et moins tendres — comme s'ils regrettaient de ne point retrouver, dans l'effronté camarade en culotte, la charmante et discrète maîtresse en jupe d'autrefois.

La Perverse

La Perverse

« Il serait bon, disait Léon Gozlan, qu'il y eût encore pendant quelque temps deux sexes. » Avec la bicyclette, il y en a trois. Le troisième a tenté un emprunt ruineux, surtout à ce sexe auquel on devait la grâce et la pudeur. Des femmes, ravies de l'aubaine, optèrent pour la culotte, qui toujours pour ce vêtement avaient affiché un goût immodeste. Bien avant que la pédale ne les y invitât, au renoncement de la jupe elles inclinaient. C'était abdiquer le pouvoir du charme pour la liberté de l'allure; c'était vendre leur droit d'aînesse pour un plat de lentilles. Ne trouvant que fadeur à l'encens fumant sur leurs autels, dédaigneuses de l'hommage des éternels courtisans de la beauté, elles étaient dans le train, — mais montées déjà dans le wagon des dames seules.

Ce n'était point la pruderie qui les y cloîtrait. Elles étaient instruites sur toutes choses, et pouvaient, sans risque d'un échec, prétendre à passer leur licence. Avec les dialogues qu'ils tiennent au fumoir, ces messieurs, sur le plus candide de ces fronts n'auraient pu faire monter le rouge, si seyant à la femme, de la confusion et du trouble. Elles étaient meublées des souvenirs que laissent en la mémoire les vies accidentées. Le mouvement qui les portait à renier les prérogatives de leur sexe n'empruntait rien au célibat mystique des vierges qui renoncent au monde. Précoces maraudeuses, elles avaient dérobé à l'arbre de la science des pommes vertes et mordu dans ces fruits, dont elles se refusaient, Èves perverties, à tendre la moitié à l'homme. La satiété du savoir, sous l'empire de leurs névroses, les orientait vers l'autre chose et l'autrement. Au serpent, qui est le conseiller de toutes les humaines en faute, elles disaient, encore en robes courtes : « Pousse-nous à plus défendu que ce qui n'est que défendu ».

La transformation se devina en elles à des signes extérieurs. La fanfreluche des ajustements céda à des façons tailleur : le froufrou des étoffes chatoyantes capitula devant le pli droit des jaquettes ; la jupe tomba rectiligne, sobre d'agréments, et ne témoignant, dans son développement exigu, de l'usage d'aucun de ces dessous affriolants qui jouent, en blanc majeur, les amoureux préludes.

Fleur du mal plus que du mâle, la perverse croît, en la serre chaude de quelques brasseries agonisantes dont la règle conventuelle bannit le consommateur; ou encore à l'exceptionnelle table d'hôte qui n'admet d'invités — au masculin — que par privilège. Paris n'a que trop de ces enfants gâtées, non toujours obscures, illustrations de l'album des célébrités — tirage d'amateur, remarques d'artistes très en marge, sortes d'épreuves hors texte, ou hors sexe.

Comment, anormal, cela pousse-t-il? Jeune, ce fut un drôle de petit animal, d'une morbidesse prenante, d'une gentillesse féline, câline et brusque, aux caresses longues et sournoises. Ça avait de jolies dents, mais aiguës comme des dents de chatte se plaisant à mordre; de jolis ongles, mais acérés comme des griffes, et industrieux à se roser du sang des cœurs lacérés; de jolis yeux, mais d'un cristal qui miroitait comme au fond d'un gouffre et donnait le vertige. Au gré de sa fantaisie, ça ornait les propos de son esprit à facettes et à paillettes, de son esprit de diable-à-quatre en maillot d'Arlequin. Sans gaieté, ça sonnait faux la gaieté dans l'oliphant du rire. Et sans chagrin, de la rosée des pleurs ça perlait le long velours de ses cils lourds.

Ça mentait, et le mensonge déshonorait la bouche sans effort si menteuse. Ça haïssait, et la haine sifflait son chant de couleuvre dans le mince filet des lèvres.

Du bonheur d'autrui le doux éclat offense une telle femme, et l'industrie de sa rouerie ne s'acharne qu'à le détruire. Elle y est passée stratégiste sûre, comme si elle disposait des philtres et des sorts. Elle a l'art subtil des toxiques de la jalousie qui se versent goutte à goutte dans les joies intimes et les empoisonnent. Elle possède le secret de la voix qui trompe aux carrefours les consciences en peine, hésitantes, auxquelles elle souffle le mauvais chemin. Ce n'est point misanthropie ni désillusion, mais dilettantisme, sens moral obscurci, duplicité instinctive, innée rosserie, et par-dessus tout la volupté de voir souffrir, — quelque chose comme le plaisir cruel de l'enfant qui plume, vif, un oiseau et s'amuse de son agonie.

La perverse est fée — voyez-la si belle ! — mais fée des maléfices ; et si elle a rôti tant de balais, c'est de n'avoir manqué à nul sabbat. Sorcière des désastres, fidèle des messes noires. Parfois, et parce que toute logique est interdite à sa volonté, faussant compagnie au mal, elle se jette à corps perdu dans une œuvre bonne et miséricordieuse, retour trop éphémère qui ne sera point un rachat.

Telle âme de femme est pareille à ces brisants où le pilote, par les nuits sombres, échoue. La mer à la surface est polie, mais les rochers sont à fleur d'eau, dormants. On ne s'y dirige que pour s'y perdre.

Ces naufrageuses de la grande ville, dans leur horreur des honnêtes chemins, en viennent, par les sentiers interdits, à égarer jusqu'à leur sexe. Sont-elles femmes? Le doute n'est point pour les avantager, et l'équivoque les dépouille de ces prestiges où l'on se prend. N'est-ce point pour diminuer le danger de leur approche qu'il leur est permis de regarder à leur tour, indécises, dans le miroir où Narcisse se contemplait, de lui-même tout absorbé. L'équivoque n'a point cependant tout à fait chassé l'amour. Voltaire trouvait double enchantement à voir Mme Dubarry peinte en Joli Gille; il se fût souhaité deux sexes pour l'aimer sous chacun de ces aspects.

La perverse eut sa jeunesse avec ses victoires. Elle appréciait, Agnès qui en savait long sur ce que nos pères nommaient le « jeu de la petite oie », le flirt exaspérant. Elle s'exerçait sur la corde raide, qu'elle préféra de bonne heure à la corde sensible. Elle y eut ses succès d'équilibriste, affolant la troupe des primes adulateurs, donnant tout et rien, refusant avec des gestes qui offraient, et jouissant de l'amer désenchantement des Éliacins et des Lovelaces également à bout d'haleine. Ils se renouvelaient près d'elle, dévorés de la même soif de Tantale qu'ils n'étanchaient point. C'était pour faire pâmer la demi-vierge qui, dans sa science démoniaque, appréciait déjà plus l'intensité aiguë du désir que son vulgaire assouvissement.

Mais au jeu la plus fine se prend. L'excentricité de ses goûts enchaîna ses caprices. On la vit suivre d'un œil singulièrement étincelant le manège audacieux du toréador, l'homme qui tue; et les étreintes à pleins bras, les sourdes étreintes d'ours velu du lutteur, l'homme qui terrasse. Sa hantise vagabonda du ténor au chourineur et du dompteur au cocher de cercle, ivre de ces ambroisies : l'odeur des écuries et le fumet âcre des grands fauves.

Entre temps — et parce qu'il faut vivre — elle admit dans son intimité quelque fils de famille sur le retour, d'une politesse de gentilhomme raffinée jusqu'au gâtisme et d'un aveuglement qui était ou d'un innocent ou d'un roué. Son seigneur ne remplissait bien son rôle ingrat que s'il paraissait renouveler l'espèce des galants si aimablement complaisants qu'éduquait l'indulgente philosophie du siècle dernier.

D'aucunes ont même de vrais maris. Ils sont le reste s'entend, mais de trop bonne éducation, rarement ils s'en plaignent. Toutefois Daumier a surpris la perverse, sur le banc des adultères. Elle lui a inspiré un chef-d'œuvre. L'avocat, dont la manche a des gestes d'une somptueuse éloquence, lave à grande eau — il sue — la sœur de Messaline des reproches que la loi lui adresse. Elle écoute, raide, impassible, comme en marbre ou en bois, — plutôt de marbre que de bois. Elle n'a ni un sanglot ni un frisson. Rien ne la trahit.

sinon du côté de messieurs les jurés le regard qu'elle coulisse, œillade qui, jusqu'en cette détresse, sur l'humanité de ces douze bourgeois que trouble leur sacerdoce, exerce encore le pouvoir de sa fascination néfaste. « Je pense, disait le vieux Daumier, que vous êtes persuadé de son acquittement? »

On l'acquitte toujours : n'est-elle point femme? Oh! si peu. Surtout lorsque, attardée dans les cénacles où la vieille garde rassemble ses débris pour la revue nocturne que passe la vie parisienne, elle n'a plus d'ardeur que pour la dame de pique. Des jeux de l'amour et du hasard elle ne prise plus que ceux du hasard. Ses dernières émotions sont pour le baccarat, qu'on joue entre femmes, devant une absinthe, sur la moleskine d'un café habituel, à chaque coup douteux branlant son chef que les teintures ont patiné dans les tons du vieil acajou. On hasarde de petites sommes — épaves sauvées des libéralités d'antan, rentes inaliénables d'un amant prévoyant. Puis on ne s'est jamais si complètement retirée du commerce des hommes qu'on ne puisse, en remuant la cendre des anciens souvenirs, découvrir un bon ami qui compatit à un embarras momentané. Cela s'appelle en langage rosse : « Savoir toujours retrouver un louis dans la poche d'un vieux gilet ».

A la courtisane Clonarion qui dialoguait avec elle, la courtisane Leæna empêchée, par l'honnêteté des mots grecs, d'aller plus avant en ses instructions, lui dit :

« Non, tu es trop curieuse, assez comme cela. Par Vénus ! je ne dirai plus rien ». Sages avis : tenons-nous-en là. Et considérons que Baudelaire s'est trop hâté de conclure, pour quelques turpitudes qu'il observa, que les sexes mourront chacun de son côté. Nos Parisiennes, qui se peignent elles-mêmes, et sans fard, laissent assez voir que l'erreur des réprouvées n'est point compte, et qu'elles entendent les autres, les innombrables autres, droites amantes, épouses exactes et même vierges plus qu'à demi, rester femmes, tout uniment femmes.

Folles, au demeurant, qui voudraient changer, quand, à demeurer telles, elles sont reines du monde !

TABLE

IMPRIMERIE LAHURE, RUE DE FLEURUS, 9, A PARIS.

EN PRÉPARATION :

DIMANCHES PARISIENS

Par LOUIS MORIN

ILLUSTRÉS DE CINQUANTE EAUX-FORTES

DE A. LEPÈRE

33606. — Imprimerie Lahure, 9, rue de Fleurus, à Paris.

www.ingramcontent.com/pod-product-compliance
Ingram Content Group UK Ltd.
Pitfield, Milton Keynes, MK11 3LW, UK
UKHW020212250726
13967UKWH00003B/1429